10年　　　　　　　　　　に話せた！

あてはめて使うだけ

英語の
超万能
フレーズ 78

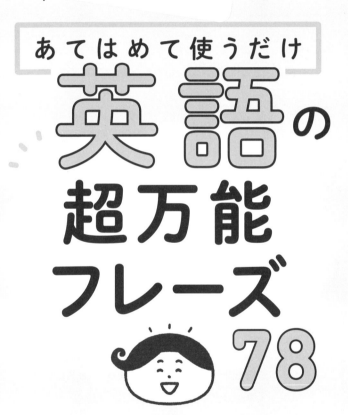

デイビッド・セイン
David A.Thayne

アスコム

はじめに

突然ですが、あなたは英語を「知っていますか」?

きっと多くの方が、「Apple」や「Dog」などの単語を
思い浮かべ、「Yes!」と答えてくださると思います。

では、この質問はどうでしょう。

あなたは英語を「話せますか」?

……先ほどとは打って変わって、
すぐに「Yes!」と言える方は
少なくなるのではないでしょうか。

「伝わらなくて、はずかしい思いをしたことがある」
「英語で話しかけられると、固まってしまう」
「単語は出てきても、言葉にならない」

この本は、そんなあなたのためにつくりました。

はじめまして！　私は、デイビッド・セインと申します。

　アメリカで生まれ、日本に来てから約40年間、英会話教室をしています。みんなまじめで礼儀正しく、思いやりがあって、ごはんがおいしい。そんな日本が大好きです！

　ですが、これまで日本で英会話を教えている中で、すごく惜しいなぁと思っていることがあります。それは、みんな**「一歩踏み出す」のを怖がりすぎている**ということです。

　多くの生徒さんは、はじめ不安そうにしていて、話しかけてもすぐに返事をしてくれません。こちらから「間違っても大丈夫だよ」と言って、やっと話をしてくれます。でもいったん話し始めれば、伝えたいという気持ちが出てきて、楽しく会話できるのです。**とにかく、第一声を発することにハードルがあるんだな**と感じてきました。

　私のようなネイティブからすると、実は、ちょっとした英語の表現（過去形になっていないとか、動詞に「s」がついていないとか）の間違いは、ぜんぜん気になりません。そもそも相手がネイティブではないことはわかっているので、少し乱暴な言い方にはなりますが、相手に対してカンペキな英語など期待していないのです。

　これは、逆の立場になってみたらわかりやすいと思います。アメリカ人に日本語で話しかけられたとき、発音や単語が少し間違っていたからといって、イヤな気分にはなりませんよね？　それとまったく同じことです。

　そうはいっても、やっぱり**「間違ったらどうしよう」「失礼があったらどうしよう」**という気持ちになってしまうかもしれません。それは相手を思いやるゆえですから、素敵なことではあります。

ですが、そのために結局、話すチャンスを逃してしまった、機嫌が悪いと誤解されてしまった、不自然な（ときには失礼な）表現になってしまった、などということになれば、本末転倒ですよね。

　例えば、食事のお店を探していて、相手に「お刺身は大丈夫？」と聞きたいとき、あなたならどうやって話しかけるでしょう。
「**Are you OK** *sashimi***?**」
「*Sashimi* **is OK?**」
「**Can you eat** *sashimi***?**」
　こんなふうに言いたくなってしまうのではないでしょうか。

　ですがこれ、ちょっとヘンな表現になってしまっています。日本語に変換するなら、こんな感じです。
「あなたはいいお刺身ですか?」
「もちろんお刺身でいいよね?」
「私は当然食べられるけど、あなたにお刺身は食べられる?」
　そんなつもりじゃなかったのに!　と焦ってしまいますよね。
　正しい英語表現は、「**Do you like** *sashimi***?**」。
　あれっ、これでいいんだ!　と感じるのではないでしょうか。

　そもそも、なぜこんなことが起きてしまうのでしょう。それは、日本語をそのまま英語に訳そうとしているからです。さっきの例なら、「お刺身は」は *Sashimi* **is**、「大丈夫」は **OK**、できるかどうか聞くから **Can** かな…といった感じです。
　ですがこれ、実はとっても高度なことなんです。たとえるなら、同時通訳のレベル。よっぽど英語に慣れていないと難しい方法です。

では、どうすればいいのでしょう。

そこで私がおすすめしたいのは、**「基本のフレーズを覚えてしまう」**という方法です!

「〜がほしい」「〜でうれしい」など、よく使う表現はまるごと頭に入れてしまいましょう。そうすれば、相手は「あ、何かほしいんだな」「喜んでくれたんだな」とわかり、**「何を言おうとしているか」**という**最低限の意図はまず伝わります。**これでだいぶ、誤解されたり言い出せなかったりということが減るはずです。

しかもこの「基本フレーズ」、難しい表現は必要ありません。日常会話で使うには、**中学英語のレベルでじゅうぶん**なんです!

そんな教えを、この1冊につめこみました。これさえあればまず会話には困らない、という「基本フレーズ」78個と、それを復習する問題を解いていったら、最後には**いつの間にかこんなに話せていた!**という体験があなたを待っています。英語を学ぼうと踏み出したあなたを立ち止まらせない工夫がたくさんつまっているのです。

この本を、使いたいシチュエーションから辞書のように引いて活用するのもよし、パラパラめくって気になったページから眺めてみるのもよし、最初から着実に進んでいくのもよし。ぜひ、自分に合った使い方で活用していただけたらと思います!

「英語を話せますか?」と聞かれて、**自信を持って「Yes!」と言えるようになる未来はもうすぐそこ。**

さあさっそく、はじめましょう!

デイビッド・セイン

CONTENTS

1章 初対面での会話

STEP 1 　基本フレーズを覚えましょう

STEP 2 　覚えたフレーズを練習しましょう

2章 お願いする

STEP 1 　基本フレーズを覚えましょう

STEP 2　　覚えたフレーズを練習しましょう

3 章　　ものをたずねる

STEP 1　　基本フレーズを覚えましょう

STEP 2　　覚えたフレーズを練習しましょう

4 章　　状況を説明する

STEP 1　　基本フレーズを覚えましょう

> STEP 2 | 覚えたフレーズを練習しましょう

5章　気持ちを伝える

> STEP 1 | 基本フレーズを覚えましょう

> STEP 2 | 覚えたフレーズを練習しましょう

6章 ちょっとひとこと

7章 ロールプレイで実践

3ステップ
で完璧マスター

本書の使い方

日常で使える78個の「基本フレーズ」をご紹介。
これを覚えて・練習して・使ってみる。その3ステップで
英語が身につき、自然と話せるようになります。

STEP 1

基本フレーズを覚えましょう

まず、日常会話で最もよく使う78の基本フレーズを覚えます。各例文にはそれぞれのシチュエーションも書かれているので、どんなときに使うかイメージしやすいのが特徴です。基本フレーズに動詞や名詞をあてはめるだけで、驚くほどたくさんのことを英語で表現できるようになります。

基本フレーズ。この型さえ覚えれば、あとは空欄に言いたい言葉をあてはめるだけでOK!

それぞれの例文にシチュエーションが書かれているので、どんな場面で使うフレーズなのかイメージしやすい!

基本フレーズを使った例文

基本フレーズの微妙なニュアンス、使い方などを丁寧に解説

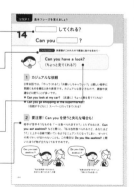

STEP 2

覚えたフレーズを練習しましょう

基本フレーズを覚えたら、それらを使って文を作ってみましょう。右ページに基本フレーズを使った穴埋め問題、ページをめくって次の左ページに解説が載っています。

反復学習でくり返し練習でき、何度か問題を解いているうちに自然と基本フレーズを使いこなせるようになります。

各章13個の基本フレーズを使った穴埋め問題をランダムに出題

すぐに答えが見られないように、解答はページをめくってCheck!

解答の助けになるヒント

その基本フレーズが出てきたページに戻って復習!

STEP 3

すべてのフレーズを使って会話にトライ!

最後の総仕上げ。今までに覚えた78の基本フレーズを使って、レストランやタクシーなど、さまざまな場所での会話に挑戦しましょう。

「基本フレーズだけでこんなに話せるんだ!」と実感するはず!

今までに覚えた全てのフレーズを使った会話の穴埋め問題

解答。会話の中で基本フレーズがどう使われているかを解説

その基本フレーズが出てきたページに戻って復習!

1 章

初対面
での会話

はじめて会うときは、ただでさえ緊張して
しまうもの。そんな場面でも、相手にいい
印象を与えられるフレーズをご紹介しま
す。シンプルな表現で、素直に「会えてう
れしい」という気持ちを伝えましょう!

1

┌──────────┐ でうれしいです。

Nice to ┌──────────┐ .

こんなときに！ はじめて会った取引先の人へひとこと…

Nice to meet you.
（お会いできてうれしいです／はじめまして）

1 初対面の人への鉄板のあいさつ表現

Nice to... は **It's nice to...** を略して「〜でうれしいです」という意味。
Nice to meet you. は初対面の人へのあいさつでよく使うフレーズです。
返事は **Nice to meet you, too.** などと返します。また、過去形にした **It was nice meeting you.** は初対面だった人と別れるときに使える表現ですので、ぜひ覚えておきましょう。

例 **Nice to talk to you.**
（メールでやりとりをしていた相手に）直接お話しできてうれしいです。

2 2回目以降の人には Nice to see you (again).

Nice to meet you. は初対面の表現なので、2回目以降に使うと「忘れちゃったのかな？」と思われるかも。2度目以降は **meet**「出会う」の代わりに **see**「会う」を使って **Nice to see you.** と言います。最後に **again** をつけて **Nice to see you again** としてもOK！

3 「〜っていいものだな」という意味も覚えておこう

It's nice to... で「〜するのはいいことだな」という気持ちを表すこともできます。**It's nice to have a friend.** で「友達っていいものだ」となります。

例 **It's nice to get up early.**
（早起きしたら作業がはかどった）早起きもいいものだな。

2 _____ はどうですか?

How is / are _____ ?

こんなときに！ ▶ よく行くお店で人を紹介されて…

How are you doing?
（いかがお過ごしですか？／どうも、こんにちは）

1 相手の調子をたずねる

How are you? 「お元気ですか」はあいさつの定番。後ろに **doing** をつけて、**How are you doing?** にすると、久しぶりに会った友達に「どうしてた?」という感じでよく使われます。これは親しい相手に限定するくだけすぎた言い方というわけではなく、初対面の人に「こんにちは」「どうも」という意味で使ってもOKです。

フォーマルな場面では、語尾に **today** をつけて **How are you doing today?** 「本日はいかがお過ごしですか?」と言うといいでしょう。また、目の前にいる相手以外の第三者の具合をたずねるときには **are** を **is** に変えて **How is...?** のように使えます。

例 **How are you feeling?** （体調がすぐれなさそうな人に）気分はどう?

例 **How is your mom doing?**
（昔お世話になった友達のお母さんの様子を気にして）お母さん元気?

2 理由や方法を聞くときにも

how には「どうやって?」の意味もあるので、**How are you...** に続けて「どうやって〜しますか?」「どうして〜なの?」と理由や方法を聞くこともできます。

例 **How are you going to go?**
（友達と出かける交通手段について話しているときに）どうやって行く?

例 **How are you so sure?**
（自信満々な友達に）なんでそんなに確信してるの?

3

＿＿＿＿＿を覚えていますか？

Do you remember ＿＿＿＿＿ ?

こんなときに！ どこかで会ったことがある人に…

Do you remember me?
（私を覚えていますか？）

1　相手の記憶を確認

相手の記憶を確かめる表現です。**We met at the party last year. Do you remember me?**（去年パーティーで会ったけど覚えてますか？）のように使うことができます。

例 **Do you remember his name?**

（買い物中に見覚えのある人が。隣の友達に）彼の名前何だっけ？

2　5W1Hでバリエーションが広がる

Do you remember who?（誰だか覚えてる？）、**Do you remember what?**（何だったか覚えてる？）のように**5W1H**（who, when, where, what, why, how）と組み合わせて使うとバリエーションがぐんと広がります。

例 **Do you remember where we met?**

（友達との思い出について）私たちがはじめて会った場所を覚えてる？

3　親しい相手には Do you を省略してもOK！

実は、ネイティブの日常会話では **Do you** を省略して、**Remember what she said?**（彼女なんて言ってたか覚えてる？）のように使うこともよくあります。これは、思い出話をするときに鉄板の切り出しフレーズです。

例 **Remember when we were at Ken's wedding party?**

（共通の友達の結婚式を思い出して）ケンの結婚式でのこと覚えてる？

4

$\boxed{}$ をどう思いますか？

What do you think about $\boxed{}$?

こんなときに！ ▶ 海外のクライアントに日本の印象をたずねて…

> ## What do you think about Japan?
> （日本はどうですか？）

1 相手の意見が知りたいときに

What do you think...? は「どう思う？」と感想を求めるフレーズ。「どう？」なので **How** を使いたくなりますが、**How** は手段をたずねる言葉なので「どうやって考えますか？」のような意味となり、不自然な英語です。

例 **What do you think about it?** それについてあなたはどう思う？

「日本をどう思う？」

「日本をどうやって考える？」
（不自然な言い回し）

2 What do you think "of" のパターン

think のあと、**about** の代わりに **of** を続ける表現もあり、自分の知りたいことを具体的に伝えるときに使います。**about** はざっくり意見を聞くのに対して、**of** はより特定のものをたずねるときに使う傾向があります。

例 **What do you think of my new hairstyle?**
（美容院に行ったあと、友達に会って）私の新しい髪型どうかな？

例 **What do you think of me?**（気になる相手に）私のことどう思ってる？

5

以前は ☐ でした。

I used to ☐ .

こんなときに！ 転職先で前職を聞かれて…

I used to work in sales.
（以前は営業をしていました）

1 昔の懐かしいことを話すときに

「前は〜だった」「以前はよく〜をした」と、昔を振り返って懐かしむようなときによく使います。また、**There used to be a playground here.**（ここはかつて遊び場だった）のように、人以外に使ってもOKです。

例 **We used to play together a lot.**

（今は疎遠となってしまったいとこについて）昔はよく遊んだのにな。

2 I used to. だけで返事に使える

I used to. だけでも「前はね」という返事になります。

例 **Do you play any sports?**　何かスポーツやってる？

→**I used to.**　昔はね。

3 used の前にbe動詞が入ると意味が変わる

間違った使い方をしてしまいがちなのが、**I'm used to** のように **used** の前に **be動詞/get/become** などが入るときです。その場合は、「〜に慣れる」という意味になるので、混同しないように気をつけましょう。

例 **I'm used to staying up.**

夜ふかしするのは慣れています。

例 **I used to stay up late.**

昔はよく夜ふかししたものです。

6

に興味はありますか?

Are you interested in ☐ ?

こんなときに! ▶ 相手が興味のあることをたずねたい…

Are you interested in sports?
(スポーツに興味はありますか?)

1 話題にのぼっていることに興味があるか?

初対面のあいさつなどで共通の話題を見つけるときに役立つ表現です。
Are you interested in のあとに聞きたいことをあてはめます。

例 **Are you interested in skateboarding?**
(オリンピックをテレビで見ながら)スケートボードに興味ある?

2 したいかどうか、相手の希望を確かめるときにも!

「興味」というと趣味に関する話題を思い浮かべるかもしれませんが、日常のちょっとした希望を聞くときにも使えるフレーズです。「〜はどう?」と気軽にたずねる感じで使います。

例 **Are you interested in going?**
(ライブのお知らせをもらったので友達に)行かない?

例 **Are you interested in going out for lunch?**
お昼、外に食べに行かない?

3 返事の仕方に気をつけよう

興味があれば、**Yes, I am.** と答えます。興味がないときは **No, I'm not.** だと「結構です」と少し強い断り方になってしまうので、**I don't think so.** (別に興味ないかな)、**Not right now.** (今は大丈夫です)などの言い方がおすすめです。

7

□□□□□ するべきです。

You should □□□□□ .

こんなときに！ 自分の目の前にある料理がおいしかったので…

You should try this.
（これぜひ食べてみてください）

1 相手にとっていいと思うことをすすめる

「〜したほうがいいですよ」とおすすめするときの表現です。**You should try this.** は、自分が食べておいしかったものを人にも食べてほしいときに使う定番の言い方になります。

例 **You should go to this Japanese restaurant.**
（友達におすすめの店を聞かれて）この和食レストランにぜひ行ってみて。

2 have to との使いわけ

「〜すべき」というと **have to** を思い浮かべる方もいると思いますが、こちらは、「〜しないと良くないことが起こる」というニュアンスで、脅しのように聞こえることも。同じ意味でも微妙にニュアンスが異なりますので、要注意です。

例 **You have to study hard.** 勉強しないと。（しないと試験に落ちるよ）
例 **You should study hard.** 勉強したほうがいいよ。（すれば試験に受かるよ）

3 否定形だと「しないほうがいい」というアドバイスに

shouldn't と否定形にすると「〜するべきじゃないよ」という助言の表現になります。

例 **You shouldn't say that.**
（悪口が止まらない友達に）それは言うべきじゃないよ。

8

［　　　　　　］の話をしましょう。

Let's talk about ［　　　　　　］.

こんなときに！ 偶然、共通の話題で盛り上がったので…

> **Let's talk about it more next time.**
> （今度またこれについて話しましょう）

1 意見交換を持ちかけるときに

「〜について話そう」という意味で、ビジネスの場や日常会話でもよく使われるフレーズです。**Let's talk.** だけでも「ちょっと相談しよう」の意味に。

例 **Let's talk about our weekend plan.**
　　今週末の予定について話そう。

例 **Let's talk about that first thing in the morning.**
　　（夜中に部下から悩み相談のメールが）明日朝イチで話そうか。

2 talk と speak の違いは?

「話す」というと **speak** という単語もあります。**talk** と **speak** の違いは、**talk** は誰かとの「会話」のやりとりに重点が置かれるのに対して、**speak** は「話し手からの発信」にフォーカスされることです。**speak** はスピーチや演説といった一方的に「話す」場面で使います。

誰かとの「会話」のやりとり　　　　　　こちらから一方的に話すこと

9

について考えています。

I'm thinking about _____ .

こんなときに！ 今後の計画を聞かれて…

I'm thinking about going abroad.
（海外へ行こうと考えています）

1 自分の考えていることを伝える

I'm thinking. は、「考え中です」の意味で、答えを急かされたシチュエーションで 「考え中なので、少し待ってください」というニュアンスで使います。例えば、**I need your answer now.** と言われて **I'm thinking.** と答えれば「まだ考えているんだ」という意味になります。

基本フレーズのように **I'm thinking about...** とすると、「〜することを考えています」と計画中のことを伝えるときなどに使えます。

例 **I'm thinking about how much it will cost.**
（買い物の予算を聞かれて）どのくらいかかるか考えています。

2 （thinking）of と about の違い

似ている表現に、**I'm thinking of...** という言い方があります。これは、**about** よりも具体的に自分の中で決まっていることを述べるときに使います。

「留学しようかなと思っているんだ」
（いずれ行きたいと考えている）

「留学しようと思っています」
（行く時期や場所が具体的に決まっている）

10

| したらどうでしょう? |

Why don't you | ?

こんなときに! 打ち合わせで意気投合したので…

Why don't you join us for lunch?
（ランチご一緒しませんか?）

1 相手への気軽な提案

Why don't you...? は「〜したらどうですか?」と軽く提案したいときに使います。**Why don't you?** だけでも 「そうしなよ」と、促すようなひとことになります。ためらっている人の背中を押すようなイメージです。

例 **Why don't you give it a try?**

（習いごとを始めようか迷っている友達に）試しにやってみたら?

2 you を we に変えた言い方

Why don't we...? にすると 「一緒に〜しませんか?」と誘うひとことになります。ちょっとした思いつきのようなニュアンスなので、相手も断っちゃまずいなというプレッシャーを感じなくてすむ便利な言い方です。

例 **Why don't we go to the new café?**

（気軽な感じで友達を誘って）新しくできたカフェにでも行かない?

3 なぜ〜しないの? と責める言い方も

相手がすべきことをしていないとき 「なぜやらないの?」と責めるようなニュアンスで使うこともあります。過去のことは **do** を **did** に変えて。

例 **Why didn't you tell the truth?**

（嘘をついた相手に）どうして本当のことを言ってくれなかったの?

23

11

　　　　　 失礼します。

Excuse me 　　　　　 .

こんなときに！ 食事の最中にスマホが鳴って…

Excuse me for just a moment.
（ちょっと失礼します）

1 相手に失礼にならないための断り表現

Excuse me. は無礼を許してくださいというニュアンスで、人とぶつかったときに使えば「ごめんなさい」、人を呼び止めるときは「ちょっとすみません」という意味に。また **Excuse me** のあとに **but** を続けると、「失礼ですが〜」と何かお願いするときの丁寧な切り出しフレーズになります。急に本題に入るよりも相手に手間をかけてしまうことへの配慮が伝わります。

例 **Excuse me while I make a call.** 　電話するのでちょっと失礼。
例 **Excuse me, but how do you spell that?**
　（電話で相手の名前を聞くとき）失礼ですが、スペルはどのように?

2 Excuse me? と語尾を上げると

語尾を上げると「今何とおっしゃいました?」と聞き返す表現に。失礼なことを言われて「何ですって?」と言い返すニュアンスでよく使われます。

「すみません」

「何だって?」

12

は以上です。

That's all ⬚ .

こんなときに！ 自己紹介をひととおり終えて…

That's all about me.
（私については以上です）

章

初対面での会話

1 全部揃っていることを伝える

「それで全部です」「それだけです」といったニュアンスで、**That's all.** だけでもよく使います。仕事の場面で、「作業は全て終わり」「頼むことはもうない」という意味でも使ったりします。

- 例 **That's all I need.**（頼んだものが揃って）必要なものはこれだけです。
- 例 **That's all there is.**（おかわりを頼まれて）もうそれで全部なの。

2 終わりを告げるときにも

学校の授業でよく使われる表現に、**That's all for today.** というひとことがあります。これは「今日のところはここまで」というニュアンスで、今日教える分はこれで全部という意味になります。

- 例 **That's all for now.**
  （会議で質問をいくつかして）今のところ（質問は）これで全部です。

3 似ている表現 That's it.

That's it. も日常でよく使います。話の最後に「そんなとこかな」のように会話を終わらせたり、相手の発言に「まさにそれだ！」と同意したり、相手の言い訳に呆れて「もうそこまでだ」と打ち切る表現になります。

13

[   ] でうれしいです。

I'm glad to [   ].

こんなときに！ はじめて会った人との会話を終えて…

I'm glad to see you.
（お会いできてうれしかったです）

1 うれしい気持ちを相手に伝えたいときに

I'm glad to... は「〜でよかったです」と、喜びを伝えるフレーズ。うれしい気持ちを具体的に伝えることができます。**I'm glad to see you.** は、初対面で相手に会えてうれしい気持ちを伝えるひとことになります。
I'm glad you came.（来てくれてうれしい）のように **to** ではなく文章をそのまま続けた使い方もあります。

例 **I'm glad to be here.**
（同窓会に出席して）ここに来られてうれしいわ。

例 **I'm glad to be of help to you.**
（仕事を手伝った同僚にお礼を言われて）お役に立ててよかったです。

2 「ホッとした気持ち」が含まれる

glad には「うれしい」の中にも「ホッとした気持ち」が含まれます。例えば、**You passed the exam! I'm glad to hear that.** と言えば、「テスト合格したんだね！（心配していたけれど）それを聞いてホッとした」の意味に。

例 **I'm glad to hear you're safe.**
（地震が起きた地域の友達と連絡が取れて）無事と聞いてホッとしたよ。

例 **I'm just glad to be alive.**
（運転中、急に飛び出してきたネコを避けられたので）生きててよかった。

Let's practice!

1　➤➤ 会社で人を紹介されて…

はじめまして。

(　　) (　　　) meet you.

HINT ➤➤➤ 初対面の人に使う

2　➤➤ 仕事を終えて…

今日のところはここまでです。

That's (　　) (　　) today.

3　➤➤ 友達の好きなバンドがライブをするみたい…

行きたい?

(　　) you (　　) in going?

HINT ➤➤➤ 行くことに興味があるかどうかを聞く

4　➤➤ 思い出の場所を思い出せなくて…

あのレストランの名前覚えてる?

(　　) you (　　) the name of the restaurant?

5　➤➤ ちょうどいい時間なので、お誘い…

夕飯をご一緒しませんか?

Why (　　) (　　) join us for dinner?

6　➤➤ 話が盛り上がり、もっと話していたい…

会議のあとでこれについてもっと話しましょう。

(　　) talk (　　) it more after the meeting.

1 (Nice) (to) meet you.

はじめまして。

→ P14

初対面の人へのあいさつとして使われる定番表現。これを受けた答えは、**Nice to meet you too.** などを使います。カジュアルにもフォーマルにも使ってOKです。

2 That's (all) (for) today.

今日のところはここまでです。

→ P25

授業やレッスン、仕事の作業が「今日はここまで」「これで終わり」という意味です。ブログや配信などでも「今日のところはこれでおしまい」と区切りをつけるときのひとことになります。

3 (Are) you (interested) in going?

行きたい?

→ P19

Are you interested in ...ing? で「〜することに興味がある?」つまり「〜したい?」と相手の希望を聞くときのフレーズです。**Are you interested in joining us?**(私たちに混ざりたい?)など、いろいろ言い換えてみましょう。

4 (Do) you (remember) the name of the restaurant?

あのレストランの名前覚えてる?

→ P16

the name of... で「〜の名前」という意味で、人や施設の名前のことです。本や映画などであれば、**name** の代わりに **title** を使います。

5 Why (don't) (you) join us for dinner?

夕飯をご一緒しませんか?

→ P23

Why don't you...? を文頭につけると「〜してみたら?」と軽く提案するような言い方になり、友達や家族などの親しい人のあいだで使うフレーズになります。**join us for...** で「〜を私たちとぜひ一緒に」という意味。

6 (Let's) talk (about) it more after the meeting.

会議のあとでこれについてもっと話しましょう。

→ P21

Let's talk about... は「〜について話しましょう」なので、**Let's talk about it more...** で「〜についてもっと話しましょう」とさらなる議論を重ねたいときなどに使います。

Let's practice!

7 >> 家族のありがたみをしみじみ感じて…

家族がいるっていいなぁ。

It's (　　　) to (　　　) a family.

HINT >> 家族がいる＝家族を持つ

8 >> 友達が特定の人ばかり目で追っている…

彼に興味があるの?

Are you (　　　) (　　　) him?

9 >> キャリアアップをしたいと考えて…

転職しようかと思っています。

I'm (　　　) (　　　) changing jobs.

10 >> 自分が飲んでおいしかったジュースを相手にもすすめる…

これ飲んでみなよ。

You (　　　) (　　　) this.

HINT >> 「これを試すべき」が直訳

11 >> 前に住んでいた場所について…

昔は大阪と奈良に住んでいました。

I (　　　) (　　　) live in Osaka and Nara.

12 >> マンションの契約が切れるので…

どこに引っ越すかについて話そうか。

(　　　) (　　　) about where we should move.

7 It's (nice) to (have) a family.

家族がいるっていいなぁ。 → P14

「家族がいる」は have a family と言います。Do you have a family? で「ご家族は?」と相手の家族構成などを聞くときの表現です。初対面では広がりやすい話題のひとつです。

8 Are you (interested) (in) him?

彼に興味があるの? → P19

interest はモノに対して使うイメージがあるかもしれませんが、人に対しても使えます。Are you interested in+人で「~に興味があるの?」「~に気があるの?」とたずねる言い回しになります。

9 I'm (thinking) (about) changing jobs.

転職しようかと思っています。 → P22

changing jobs で「転職する」となります。ストレートに「辞めようと思ってる」のであれば I'm thinking of quitting my job.（仕事を辞めようかと考えている）などと言います。

10 You (should) (try) this. → P20

これ飲んでみなよ。

try は「挑戦する」という意味ですが、今まで試したことがない食べ物や飲み物を「食べる」「飲む」という意味でも使われます。You should try... で「これ飲んでみなよ（おいしいよ）」というニュアンスで使います。

11 I (used) (to) live in Osaka and Nara. → P18

昔は大阪と奈良に住んでいました。

以前住んでいた場所について話すときは I used to live in+場所のパターンを使います。今は住んでいないことを表します。

12 (Let's) (talk) about where we should move.

どこに引っ越すかについて話そうか。 → P21

Let's talk about... で「~について話そう」という意味。talk はただの会話ではなくて、しっかり腰を据えて話し合おう、というニュアンスがあります。これまであやふやだったことについてしっかり解決しようという気持ちが含まれる言い方になります。

Let's practice!

13 　>> 仕事で引き合わせたい人がいる…

彼女に会いたいですか?

Are you (　　　) (　　　) meeting her?

HINT >>> その人に会うことに興味があるかどうかをたずねる

14 　>> 自分の話したいことを言い終えて…

話は以上です。

That's (　　) (　　) me.

HINT >>> 「私から言いたいことはすべて言えた」の意味

15 　>> 対面で会ったことがなかった人に…

お話しできてよかったです。

(　　) (　　) talk to you.

16 　>> 相手の発言がちょっと聞き取りにくい…

もう一度いいですか?

(　　) me?

17 　>> 素直に仲直りできない友達に…

彼女に謝ったほうがいいんじゃない。

You (　　) (　　) sorry to her.

HINT >>> 謝る=ごめんねと言う

18 　>> 海外赴任していた仲のいい同僚が戻って…

君が戻ってきてくれてうれしいよ。

I'm (　　) to have you (　　).

HINT >>> あなたを取り戻せてうれしいという気持ち

13 Are you (interested) (in) meeting her?

彼女に会いたいですか？　→ P19

Are you interested in meeting ＋人で「〜に会ってみたいですか？」と人を引き合わせるときにも使える表現です。丁寧に聞きたいときは Would you be interested in...? で「〜にご興味はありますか？」となります。

14 That's (all) (from) me.

話は以上です。　→ P25

That's all. は「それで全部です」という意味で、話し終わったあとに「以上です」という意味で締めくくりにも使います。from me をつけることで「私の話したいことは全部話した」という意味が伝わります。

15 (Nice) (to) talk to you.

お話しできてよかったです。　→ P14

これまで対面で会えてなかった人や、実際に話したことがなかった人と会話ができてうれしい気持ちを表します。また、会議などでいい意見交換ができたときにも使えます。

16 (Excuse) me?

もう一度いいですか？　→ P24

Excuse me.（すみません）の語尾を上げると、「なんておっしゃいました？」と相手の発言を聞き返すひとことになります。Sorry? も同じ意味で使います。

17 You (should) (say) sorry to her.

彼女に謝ったほうがいいんじゃない。　→ P20

should は「〜すべき」という意味ですが、相手を思いやって「〜したら？」といったニュアンスでも使います。say sorry で「ごめんと言う」つまり「謝る」の意味。謝って許してもらったほうが君のためだよ、といった気持ちが伝わります。

18 I'm (glad) to have you (back).

君が戻ってきてくれてうれしいよ。　→ P26

have someone back で「〜を取り戻す」という意味。I'm glad to have you back. はどこか遠くにいた人が戻ってきたときに「戻ってきてくれてうれしい」という意味になります。

Let's practice!

19 ≫ 近所に引っ越してきた人とあいさつ…

こんにちは。

(　) are you (　) today?

HINT ≫ 今日の調子はどうですか? という意味合い

20 ≫ 会議で「質問はもうないか?」と聞かれて…

今のところはこれで全部です。

That's (　) for (　).

21 ≫ 昔のクラスメイトの情報がほしい…

クラス一緒だった子のこと覚えてる?

Do you (　) the girl (　) was in the same class with us?

HINT ≫ 「誰」を表す疑問詞を使って

22 ≫ 友達が大学の試験に受かったという知らせが…

それを聞いてホッとしました。

I'm (　) (　) hear that.

23 ≫ 友達が条件のいい仕事を辞めようとしている…

今の仕事は辞めないほうがいいよ。

You (　) quit your (　).

HINT ≫ should を否定形にします

24 ≫ 友達がほしがっていたものが売り切れてしまった…

なんであのとき買っておかなかったの?

(　) (　) you buy that then?

19 (How) are you (doing) today?

こんにちは。　→ P15

How are you doing? は久々に会った友達や、初対面の人に使える表現です。ビジネスでは最後に **today** をつけるとより丁寧になりおすすめです。**I'm doing good.**（調子いいですよ）や **I'm good.**（いい感じです）などと答えます。

20 That's (all) for (now).

今のところはこれで全部です。　→ P25

for now は「今のところ」という意味なので、その時点ではすべて聞きたいことは聞いた、という意味になります。またあとで質問が出るかもしれないという余韻を残した言い方でもあります。**for now** の代わりに **so far** や **for the moment** も同じ意味で使われます。

21 Do you (remember) the girl (who) was in the same class with us?

クラス一緒だった子のこと覚えてる?　→ P16

Do you remember ＋人で「〜のことを覚えてる?」の意味。名前がわかっている人は **Do you remember Cathy?** などと具体的に名前をあてはめましょう。

22 I'm (glad) (to) hear that.

それを聞いてホッとしました。　→ P26

be glad to... で「〜でうれしい」という意味。誰かのうれしい報告を聞いて「それはよかった」「そうなってホッとした」というニュアンスになります。**to** のあとには動詞の原型を続けます。

23 You (shouldn't) quit your (job).

今の仕事は辞めないほうがいいよ。　→ P20

shouldn't は「〜すべきじゃない」という意味なので、相手がしている行動に対して相手のためを思って「しないほうがいいよ」と忠告するイメージで使います。**You shouldn't have.** は相手の気づかいに対して「お気づかいなく」という意味で使う定番表現になります。

24 (Why) (didn't) you buy that then?

なんであのとき買っておかなかったの?　→ P23

Why don't you...?（〜したらどう?）の過去形で、相手がすべきことをしなかったときに、「なぜそうしなかったの?」と責めるようなニュアンスで使われます。

Let's practice!

25 ▶▶ 春に上京するので…

引っ越しを考えています。

I'm (　　　　) about (　　　　).

HINT 》》「〜することを考えている」というニュアンスです

26 ▶▶ 会議で使うスピーカーが見あたりません…

どこに置いたか覚えてる?

Do you (　　　) (　　　) you put it?

27 ▶▶ 来ないと思っていた友達が飲み会に来てくれた…

来てくれてうれしいよ。

I'm (　　　) you (　　　　).

HINT 》》来ないと思っていたので、顔を見てホッとした

28 ▶▶ 会議で新たな意見が出て、それについてディスカッション…

彼女の意見をどう思われますか?

(　　　) do you think (　　　) her opinion?

29 ▶▶ 家族ぐるみで仲のいい友達に…

奥さん元気?

(　　　) is your wife (　　　)?

HINT 》》奥さんはどう過ごしてますか? が直訳

30 ▶▶ ペットを飼ったことがあるか聞かれて…

以前はネコを飼っていました。

I (　　　) to (　　　) a cat.

25 I'm (thinking) about (moving).

引っ越しを考えています。

→ P22

I'm thinking about ...ing は「〜することを考えています」と計画していることなどを伝えるときに使います。「引っ越し」は moving と言います。I'm thinking about you. だと「あなたのことをばかり考えています」の意。

26 Do you (remember) (where) you put it?

どこに置いたか覚えてる?

→ P16

Do you remember のあとに 5W1H を使ったパターンです。Do you know where ...? で「どこに〜か覚えてる?」と、場所に関しての記憶を確かめるひとことになります。Do you remember where she lives? のように人の居場所を聞くときなど、アレンジがききます。

27 I'm (glad) you (came).

来てくれてうれしいよ。

→ P26

I'm glad のあとに、to ではなく、主語+動詞と文章をあてはめるパターンです。I'm glad you like it.（気に入ってくれてよかった）も、相手にプレゼントして気に入ってくれたときなどに便利な表現なのでおさえておきましょう。

28 (What) do you think (about) her opinion?

彼女の意見をどう思われますか?

→ P17

What do you think about...? は「〜についてどう思いますか?」と about のあとに続くことについてのその人がどう考えるかを問う表現になります。

29 (How) is your wife (doing)?

奥さん元気?

→ P15

その場にいない第三者の様子をたずねるときの表現です。How is (How's) +人+ doing? で「〜がどうされていますか?」と聞くフレーズになります。あてはめるのは名前そのものや、your boss（上司）、your son/daughter（息子/娘）など、いろいろ使い回せます。

30 I (used) to (have) a cat.

以前はネコを飼っていました。

→ P18

ペットなどを「飼う」は have を使って表します。I used to... で「前は〜していました」という意味で、自己紹介などで自分のこれまでに経験したことを話すときに使います。

Let's practice!

31 ▶▶ 相手との話し中に他の人に呼ばれて…

ちょっと失礼します。

（　　　）（　　　）for just a moment.

32 ▶▶ 海外からのお客様に京都観光のおすすめを聞かれて…

二条城へは行ったほうがいいよ。

You（　　　）（　　　）to Nijo-jo.

HINT ▶▶ 行くべき！とおすすめするときに

33 ▶▶ 遠くに引っ越した友達が戻ってきて…

また会えてうれしいよ。

I'm（　　　）to（　　　）you again.

34 ▶▶ 似合っているか友達の意見を聞きたい…

この新しいTシャツどう思う？

（　　　）do you（　　　）of my new T-shirt?

35 ▶▶ 留学が決まり、友達にそのことを切り出す…

海外に行こうと思っています。

I'm（　　　）（　　　）studying abroad.

HINT ▶▶ 具体的に時期などが決まっているときの言い方

36 ▶▶ 昔得意だったことを思い出して…

昔はダンスが得意でした。

I（　　　）to be（　　　）at dance.

31 (Excuse) (me) for just a moment.

ちょっと失礼します。

→ P24

Excuse me... は「失礼ます」「すみません」という意味で、自分のこれからする行動を相手に許してもらうときの表現です。for just a moment で「ちょっとの間」「少し」。

32 You (should) (go) to Nijo-jo.

二条城へは行ったほうがいいよ。

→ P20

You should... は「〜すべきですよ」「〜したほうがいいですよ」と人に何かをすすめるときのひとことです。そうすることで相手にいいことがあるよ、とポジティブに提案するニュアンス。

33 I'm (glad) to (see) you again.

また会えてうれしいよ。

→ P26

see someone は「〜に会う」でこれまで会ったことがある人に「会う」という意味になります。again はあってもなくてもOKです。口語では Am I glad to see you! とあえて語順を変えてうれしい気持ちを強調する言い方もあります。

34 (What) do you (think) of my new T-shirt?

この新しいTシャツどう思う?

→ P17

What do you think of...? は What do you think about...? とほぼ同じ意味で「〜をどう思う?」という意味。of...? のほうは、特に特定のものに対して「〜は好きですか?」と相手が気に入ったかどうかを聞くニュアンスも含まれます。

35 I'm (thinking) (of) studying abroad.

海外に行こうと思っています。

→ P22

I'm thinking about とほぼ同じ意味になりますが、about よりも of のほうが、具体的に自分の中で決まっていること、意思が固まっていることを述べるときに使います。

36 I (used) to be (good) at dance.

昔はダンスが得意でした。

→ P18

used to... は「前は〜だった」「以前は〜したものだ」と過去の習慣を表すときに使います。I used to... で「昔は〜した(けど今はしていない)」という意味になります。good at... は「〜が得意」という意味。

Let's practice!

37 ▶▶ 夕食の場所を考えているときに…

和食レストランに行きませんか?

(　　　) don't (　　　) go to the Japanese restaurant?

HINT ▶▶ 自分も「一緒に」という意味

38 ▶▶ 相手の発言中に、ちょっと質問がある…

すみませんが、ちょっと聞いてもいいですか?

(　　　) me, (　　　) may I ask you something?

HINT ▶▶ 「失礼ですが〜」と丁寧にお願いするときの切り出しフレーズ

39 ▶▶ 新しいプロジェクトチームが発足したので…

これからの計画について話そう。

(　　　) (　　　) about our plan.

40 ▶▶ 新しい職場で働き始めた友達に…

うまくいってる?

(　　　) are (　　　) going?

HINT ▶▶ 「いろいろ」どうですか? とたずねるフレーズ

41 ▶▶ 子どもが犬がほしいとねだるので、夫に相談して…

ペットを飼うことをどう思う?

What (　　　) you think (　　　) having pets?

42 ▶▶ 前職について聞かれて…

以前は保育士でした。

I (　　　) to (　　　) a nursery teacher.

37 (Why) don't (we) go to the Japanese restaurant?

和食レストランに行きませんか？

→ P23

Why don't we...? にすると「なぜ私たちは〜しない？」つまり「一緒に〜しませんか？」と勧誘するときのパターンになります。ちょっとした思いつきのようなニュアンスのカジュアルな言い方です。

38 (Excuse) me, (but) may I ask you something?

すみませんが、ちょっと聞いてもいいですか？

→ P24

Excuse me, but... は「すみませんが〜」という意味で、相手にとって不都合かもしれないことを聞いたり、頼んだりするときの前置き表現です。

39 (Let's) (talk) about our plan.

これからの計画について話そう。

→ P21

Let's talk about... で「〜について話そう」という意味で、ビジネスシーンでよく使われます。**about** のあとに話し合いたい事柄を具体的に続けて使います。**plan**（計画）の他にも**report**（レポート）や **proposal**（企画書）など。

40 (How) are (things) going?

うまくいってる？

→ P15

things は「状況」という意味なので、相手の状況などを「うまくいってますか？」とたずねたいときのフレーズになります。**at school**（学校で）などと場所を追加して使うこともあります。

41 What (do) you think (about) having pets?

ペットを飼うことをどう思う？

→ P17

What do you think about... で「〜をどう思いますか？」と相手の考え方をたずねるパターンです。相手の感想を聞くとき、他に **How do you feel about...?** という言い方もありますが、こちらは相手の感じ方を聞く表現になります。**having pets** で「ペットを飼うこと」。

42 I (used) to (be) a nursery teacher.

以前は保育士でした。

→ P18

I used to... は「前は〜だった」「前はよく〜をした」という意味、**I used to be...** で「昔は〜でした」と今とは違ってどんな仕事をしていたかを話すときに使うフレーズです。

はじめてのあいさつは
フレンドリーが好印象

　初対面では最初のあいさつが肝心。みなさんなら、はじめて会った人に英語で話しかけるとき、どんなフレーズを使いますか?

* 最も一般的な表現
　Nice to meet you.（はじめまして）
* ビジネスでも使えるフレンドリーな表現
　How's it going?（調子はどうですか?）
* かなりくだけた表現
　What's up?（最近どうよ?）

　中学で最初に習う **How do you do?**（ごきげんよう）という表現があると思いますが、実はそれほど頻繁に使われるフレーズではありません。もちろん間違いではないし、使っている人もいるのですが、かなり堅苦しい表現になります。

　欧米ではビジネスシーンでも「相手と仲良くなりたい」「信用しています」という気持ちを込めて、よりフレンドリーな表現が好まれます。なので、初対面で **How do you do?** と言ってしまうと、「少しお堅い人だな〜」と思われる可能性があります。

　ネイティブが一番よく使うのは、上に挙げた **Nice to meet you.** で、関係性を問わずいつ誰に使ってもOKです。2つ目の **How's it going?** はややカジュアルな表現ですが、ビジネスで使っても問題ありません。最後の **What's up?** はかなりくだけた表現なので、プライベートで親しい関係になってから使ったほうが無難です。

　シーンに合わせて、ふさわしい表現ができるといいですね。

2章

お願いする

英語には敬語がないイメージがあるかも
しれませんが、何かをお願いするときは
頼む相手や内容によって、ふさわしい言
い方があります。代表的なフレーズを覚
えて、シチュエーションごとに使いわけら
れるようにしましょう。

14

□□□□□ してくれる?

Can you □□□□□ ?

こんなときに! ▶ 洗濯機がこわれたので家族に助けを求めて…

Can you have a look?
(ちょっと見てくれる?)

1　カジュアルな依頼

日常会話では、「やってくれる?」「お願いしちゃっていい?」と親しい相手に気軽にものを頼むときの表現です。カジュアルな言い方なので、家族や友達などに使うことが多いです。

例 **Can you look at my car?**　(友達に)ちょっと車を見ててくれる?

例 **Can you go shopping at the supermarket?**
(母親が子どもに)スーパーに行ってきてくれる?

2　要注意! Can you を使うと失礼な場合も!

相手が苦手そうなものを「〜は食べられますか?」とたずねるとき、**Can you eat *sashimi*?** などと聞くと、「私は当然食べられるけど、あなたはどう?」と上から目線で聞いているようなニュアンスになってしまい、せっかくの気づかいが伝わらないことも。この場合は **Do you like *sashimi*?** と聞いたほうが角が立たなくておすすめです。

「私は当然食べられるけど、
あなたに食べられる?」の意

「刺身はお好きですか?」と
丁寧にたずねる言い方

15

$\boxed{}$ してもらえますか?

Could you $\boxed{}$?

こんなときに! 仕事の手伝いを同僚にお願いしたい…

Could you take care of this?
（これを頼めますか?）

1 Can you...? より丁寧な依頼の表現

さほどかしこまった表現ではありませんが、**Can you...?** よりもやや丁寧なので初対面の相手にもおすすめ。また、**I'll go shopping for you.**（代わりに買い物に行くよ）→ **Oh, could you?**（あら、そうしてもらえる?）のように、**Could you?** だけを返事として使うこともできます。

例 **Could you check?**
（荷物が予定どおり届かず、運送会社へ）調べてもらえますか?

例 **Could you ask him for me?**
（参加者にキャンセルが出たので）代わりに彼に聞いてもらえますか?

2 please を入れてさらに丁寧に。でも言い方に注意

please をつけて **Could you please...?** とすると、「～をお願いしてもよろしいですか?」のようにさらに丁寧な表現となり、ビジネスでもよく使います。ただ、**please** を強調して言ってしまうと「頼むから」という感じでやや強い言い方になってしまうので、注意しましょう。

例 **Could you please copy this?**
（急いでいてすぐお願いしたい）これ、コピーしてもらえますか?

例 **Could you please listen to me?**
（会議で上の空の相手に）ちょっと聞いていただけますか?

45

16

```
□□□□□□ してもいい?

Can I □□□□□□ ?
```

こんなときに！ 同僚より先に退勤するとき…

Can I leave early today?
（今日はお先に失礼してもいい？）

1 　許可を求めるときのカジュアルな言い回し

相手に許可を求めるときのフレーズで、どちらかというとカジュアルでフレンドリーなたずね方なので、親しい間柄でよく使われます。欧米では親しい言葉づかいが好まれるので、仕事場であってもあまり気にせずこの表現を使って大丈夫です。

例 Can I try?
（友達が楽しそうなゲームに夢中。自分もやってみたい）やってみていい？

例 Can I have some?
（友達がおいしそうなお菓子を食べているので）ちょっともらっていい？

2 　初対面やビジネスシーンでは May I...?

お願いごとをするときは、たいてい **Can I...?** を使って問題ないのですが、初対面の相手やビジネスシーンでの取引先やお客様、また、食事中にトイレに行く場合など、いつもよりも丁寧に許可を求めたいときは **May I...?** を使うのがおすすめです。「～させていただいてもよろしいでしょうか？」のようにへりくだった言い方になります。

例 May I take a message?
（不在の上司への電話を受けて）ご伝言をあずかりましょうか？

例 May I use the bathroom?
（訪問先でトイレを借りるとき）お手洗いをお借りしてもよろしいですか？

17

⬚⬚⬚⬚⬚ させて。

Let me ⬚⬚⬚⬚⬚ .

こんなときに！ いつもごちそうしてもらっている相手に…

Let me treat you.
（ここは私におごらせて）

1 「私に〜させて」と積極的な申し出に

「私に〜させて」と、相手の力になりたいときに使います。

例 **Let me have a try.**

（上司がネットの接続に困っている様子）私がやってみてもいいですか。

2 許可を求めるときにも

「ちょっと〜させて」と相手に許可を求めるときにも使えます。特に **Let me check.**（ちょっと確認させてください）はビジネスの定番表現です。

例 **Let me think about it.**

（商品をすすめられて）ちょっと考えさせてください。

3 時間稼ぎの定番フレーズ Let me see.

Let me see. というフレーズは、人に何かを聞かれて即答できないときなどに 「そうですね〜」「え〜と」と少し時間稼ぎをするときによく使われます。 覚えておくと、ちょっと時間が必要なときにとても便利です。**Let me see** のあとに名詞が続くと、「〜を見せて」という意味になります。

例 **Do you have time now?** 今時間ある？

→**Let me see... I guess.** えっとねぇ〜たぶん大丈夫。

例 **Let me see that.**

（友達がスマホを見て笑っている）僕にもそれ見せて。

18

したいです。

I'd like to ☐ .

こんなときに！ プロジェクトが無事に終わり、お世話になった人へ…

I'd like to thank you.
（お礼を言わせてください）

1 丁寧に希望を伝える

「〜したいです」と、自分の希望を述べる丁寧な言い方です。**Would you like to meet him?**（彼に会いたい？）→**I'd like to.**（ええ、ぜひ）のように、**I'd like to.** 単体でも使います。**I'd love to.** も同様の表現です。

例 **I'd like to go to the station.**
（タクシーで行き先を告げるとき）駅までお願いします。

例 **I'd like to go to the movies tonight.**
（どこに遊びに行きたいか聞かれて）今晩映画に行きたいです。

例 **Do you want to drive to the airport?** 空港まで運転したい？
→**I'd like to.** そうさせて。

2 I'd like+名詞で「〜がほしい」

I'd like のあとに **to** ではなく名詞を続けると「〜がほしいです」という意味に。お店などで希望のものを伝えるときの表現になります。**I want** +名詞よりも丁寧な頼み方です。

例 **What would you like?** ご注文は何にいたしますか？
→**I'd like a café latte.** カフェラテをお願いします。
→**I'd like a slice of pizza.** ピザを1切れください。

19

　　　　　　　してもいいですか?

Do you mind 　　　　　　　 ?

こんなときに! 両手が荷物でふさがっている…

Do you mind opening the door?
（悪いけどドアを開けてくれる?）

1 相手に嫌かどうかをたずねる

Do you mind? は相手に許可を求めるときの表現です。例えば、電車で友達に会って隣に座りたいときなどに、席を指さしながら **Do you mind?** と言えば「座ってもいい?」という意味になります。

また、大騒ぎや貧乏ゆすりなど、相手の煩わしい行動に対して「やめてくれる?」という意味でも使います。

2 答え方に要注意! Yes と No が日本語と逆

Do you mind (if I)...? は直訳すると「（私が）〜したら嫌ですか?」なので、返事はOKなら **No, I don't.**（いいえ、嫌じゃありません=どうぞそうして）、OKじゃないときは **Yes, I do.**（はい、嫌です=やめてください）と答えます。日本語の感覚だと逆なので気をつけましょう。他にもOKのときは **Go ahead.** や **No, not at all.** などが使えます。

▶ **Do you mind if I turn off the heater?**（暖房消してもいい?）と聞かれたときの答え方

「消していいよ」　　　　　　　　　　「消さないで」

20

あなたに 　　　　　　　 してもらいたい。

I'd like you to 　　　　　　 .

こんなときに！ 子どもの授業参観があるので…

I'd like you to come with me.
（あなたに一緒に来てもらいたいの）

1 「あなたに」と名指しでお願いする

I'd like you to... は「あなたに〜してほしい」という意味で、他の誰でもなく、あなたにお願いしたいという気持ちが伝わります。丁寧な表現ですが、「ぜひあなたに」と強調する言い方になります。**I'd like you to come with me.** で「他の誰でもなく、あなたに来てもらいたい」というニュアンスに。

例 **I'd like you to make proposals.**
（とても優秀な社員に）ぜひ君に企画書を書いてもらいたいんだ。

例 **I'd like you to think about it.**
（友達をリーダーに推薦したい）ぜひ君に考えてほしいんだ。

2 I want you to... だとかなりストレート

I want you to... も同じく「あなたにやってもらいたい」という意味ですが、相手の気持ちよりも自分の「やってもらいたい」という気持ちが強く伝わる表現なので、ややストレートすぎることもあります。

例えば、先生が生徒に **I want you to come.**（君ちょっと来なさい）と言うように、特定の相手を呼び出すイメージです。もちろん、親しい間柄で「ぜひあなたにやってもらいたいんだ！」という意味で使って不自然でなければOKです。

例 **I want you to say sorry!**（喧嘩した相手に）君に謝ってほしいんだ！

21

していただけますか?

Would you ☐ ?

こんなときに! ▶ パソコンの設定がわからず先輩に…

Would you give me a hand?
（ちょっと手伝っていただけますか?）

1 相手の意思を確認するときに

相手がそれをやってくれるかどうかを聞きたいときに使う丁寧な表現です。

例 **Would you give me some advice?**

（企画書が書けなくて会社の先輩に相談）アドバイスをいただけますか?

例 **Would you do me a favor?**

（頼みごとをする前の慣用表現）ちょっとお願いしてもいいですか?

2 場合によっては相手にプレッシャーがかかる

Would you...? は丁寧な頼み方ではあるのですが、そのぶん「断られたら困る」「相手はやってくれるだろう」というニュアンスも含まれ、人によってはプレッシャーを感じる人もいるかもしれません。なので、普通なら当然やってくれるようなことを頼むときに使うのが無難です。

3 Would you like to...? は何かをすすめるときに

Would you like to...? は「〜するのはどうですか?」という意味で、相手を誘ったり、何かをすすめるときの丁寧な表現。**Would you like to see a menu?**（メニューをご覧になりますか?）のようによく使われます。また、何かモノをすすめるときは **like** のあとにそのままモノをあてはめます。

例 **Would you like to come?**（友達を飲み会に誘う）よかったら来ない?

例 **Would you like some?**（おやつタイムに友達に）ちょっとつままない?

22

 するのはやめておこう。

Let's not .

こんなときに！ 飲み会に病み上がりの友達も誘ってと言われて…

Let's not ask him.
（彼を誘うのはやめておこう）

1 何かをしないように軽く提案する

「〜しましょう」を意味する **Let's** の否定形で、「やめておこうかな?」と誘いを断るときによく使われます。気乗りしない誘いに対して **Let's not.** だけでも「やめておくね」という返事に。

例 **Let's not talk about Sam.** サムの話はやめとこう。

2 誰かへのソフトな忠告としても使える

Let's not... は 「〜しないほうがいいよ」というソフトな忠告にも使えます。例えば、直箸でみんなの料理を取ろうとしている人に **Don't do that!**（やめろよ）と言うよりも、**Let's not do that.**（やめておこうね）と言ったほうが、相手への非難を避けたソフトな表現になります。

例 **Let's not take photos here.**

（撮影禁止の場所で写真を撮る友達に）ここでの写真はやめておこう。

「やめろよ!」　　　　　　　　　「やめておこうね」

23

持っていって。

Take it.

こんなときに！ 会社でおみやげが余ってしまった…

Take it home with you.
（ぜひお家に持って帰って）

1 誰かに何かをあげるときのひとこと

誰かにものをあげたりするときの表現で、**Can I use your pen?**（ペン使っていい？）と聞かれて、**Sure, take it.**（どうぞ、持っていって）のように使います。トランプのカードを「取って」と言うときにも使います。
また、**Take it to...** だと「〜へ持っていって」という意味になります。
例 Take it to the repair shop.
（自転車の調子が悪いので家族に頼む）修理屋さんへ持っていって。

2 Take it easy. はいろいろなシーンで活躍するフレーズ

easy には「気楽な」という意味があります。そのため **Take it easy.** は直訳で「気楽さをとれ」という意味になり、「気楽に行こう」「無理しないでね」と相手を励ましたり、「お疲れ様」「じゃあね」のような別れのあいさつとしても使われます。
例 I have an interview tomorrow. 　明日面接があるんだ。
　→**You'll be fine. Take it easy.** 　大丈夫だよ。気楽にね。

3 Take it away. には2つの意味がある

Take it away. は「それをどかして」という意味で、赤ちゃんが危ないものを触っていて取り上げてほしいときなどに使います。また、テレビの司会者が演奏前のバンドに「さあ、始めてください！」と言うときにも使います。

24

あいにく ☐ です。

I'm afraid ☐ .

こんなときに！ 電話がかかってきて、本人が不在のときに…

I'm afraid he's not here.
（あいにく出かけております）

1 相手にちょっと我慢をしてもらうときに

I'm afraid は直訳だと「〜が怖い」ですが、日常会話では「申し訳ありませんが」「あいにく〜です」と相手にとって不都合なことを伝えるときの切り出しフレーズとなります。ちょっと我慢や不便をかけてしまうときに切り出す言葉として、申し訳ない気持ちが伝わる表現です。

例 **I'm afraid that's out of stock now.**
（お店で在庫があるか聞かれて）あいにく今、在庫を切らしております。

2 「〜が怖い」という意味でも使える

afraid は「恐れて」「怖がって」という意味なので、**I'm afraid of...** で「〜が怖いです」と苦手なものを伝えるときにも使えます。

例 **I'm afraid of insects.**　虫が苦手です。

3 否定形でソフトに断る

I'm afraid not. は「私は怖くない」ではなく、「あいにくダメなんです」の意味。「残念だけど」というニュアンスが含まれ、ストレートに **No** と言いたくないときに便利なフレーズです。不本意ながらという気持ちが伝わります。

例 **Can we go for a drink tonight?**　今夜飲みに行ける？
　→**I'm afraid not.**　残念だけど、やめておくよ。

25

□□□を教えて／話して。

Tell me □□□.

こんなときに！ 友達が何やらゴシップネタを仕入れたみたい…

Tell me all about it.
（詳しく教えて）

1　疑問詞と組み合わせるとバリエーション倍増！

Tell me. は「言って」という意味で、相手から何かを聞き出すときのひとこと。**Tell me...** で、より具体的に教えてもらいたいときの表現になります。**what** や **who** など 5W1H の疑問詞との組み合わせでさまざまなバリエーションが可能に。

例 **Tell me what you know.**
（休暇中に関わっていたプロジェクトが延期に）知ってることを教えて。

例 **Tell me how to do it.**
（友達から便利なスマホ機能を教わるとき）どうやるのか教えて。

2　tell のもうひとつの意味

tell は「話す」「伝える」以外に「わかる」という意味もあります。例えば、友達の意外な発言に対して、**How can you tell?** と言えば「どうしてわかるの?」という意味になります。この意味を知っておかないと、ネイティブとの会話で混乱してしまうこともあるので、覚えておいてください。

例 **I think Bob and Hanna are dating.**　ボブとハンナは付き合ってるな。
　→**How can you tell?**　どうしてわかるの?
　→**I can tell.**（どうしたって）わかるのよ。

26

と思っているのですが。

I was wondering [   ] .

こんなときに！ 会社の先輩に企画書の書き方を教えてもらいたい…

I was wondering if you could help me.
（ちょっと助けていただけますでしょうか）

1 お願いするときの前置き表現

I was wondering... は「〜してくれないかと思うのですが」という意味で、質問の前に添えると 「ちょっとお聞きしますが」というニュアンスに。丁寧かつフレンドリーな印象で、相手もこの前置きで「質問がくるな」「頼みごとをされるな」と心の準備ができるので、とても便利な言い回しです。I was wondering if you could... の形や、I'm just wondering if you could... などの表現もありますが、いずれも丁寧な依頼になります。

例 **I was wondering, does this come in a different color?**
（店員さんに）お聞きしたいのですが、これの別の色はありますか？

2 相手の意思確認にも

誰かを誘うとき、相手の意思を丁寧にたずねたいのであれば、I was wondering if のあとに you'd like to... を続けると、「〜はどうですか？」という表現になります。you'd は you would の略で、「もしあなたがよければ」というソフトなニュアンスを出すことができます。

例 **I was wondering if you'd like to go to lunch with me.**
もしよかったら、ランチを一緒にどうですか。
→**Sounds great! I'd love to.** いいですね！ぜひ。

Let's practice!

1 ▶▶ 会議がだいぶ先で忘れそうなので…

会議の時間をリマインドしてくれる?

(   ) (   ) remind me of the meeting time?

HINT ▶ フランクな頼み方

2 ▶▶ 同僚に手伝いを頼まれたけど、今日は忙しい…

悪いけど手伝えないや。

I'm (   ) I (   ) help.

3 ▶▶ レストランで付け合わせにパンかライスかをたずねられて…

ライスをお願いします。

I'd (   ) (   ) have some rice.

HINT ▶ 「ライスがいい」という自分の希望を伝える

4 ▶▶ 今日から入った不安そうなアルバイトに…

助けが必要なときは教えてね。

(   ) me (   ) if you need help.

HINT ▶ 助けてほしいなら私に知らせて、が直訳

5 ▶▶ 同僚にちょっと面倒な仕事をお願いしたい…

これをお願いできますか?

(   ) (   ) take care of this?

HINT ▶ やや丁寧にお願いする

6 ▶▶ 弟がチョコをたくさんもらってきた…

ちょっともらっていい?

(   ) (   ) have some?

HINT ▶ 「もらうことは可能ですか?」と考えて

2章 お願いする

57

1 **(Can) (you) remind me of the meeting time?**

会議の時間をリマインドしてくれる？ → P44

Can you...? は「〜できる？」という意味。「お願いしちゃっていい？」と、フランクな感じで使います。当然やってくれるだろうという気持ちが含まれるので、親しい人に使うといいです。

2 **I'm (afraid) I (can't) help.**

悪いけど手伝えないや。 → P54

I'm afraid... は「あいにく」と相手の意に沿えないことを謝るフレーズ。I'm afraid I can't... で「あいにく〜ができません」と断るときに使います。

3 **I'd (like) (to) have some rice.**

ライスをお願いします。 → P48

I'd like to... は「〜したいです」「〜させてください」という意味で、自分の希望を述べる丁寧な言い方。

4 **(Let) me (know) if you need help.**

助けが必要なときは教えてね。 → P47

Let me know if... で「もし〜なら教えてね」という意味。need help で「助けが必要になる」という意味なります。

5 **(Could) (you) take care of this?**

これをお願いできますか？ → P45

Could you...? で「〜していただけますか？」とお願いするときに使われるフレーズです。Can you...? よりはやや丁寧な頼み方です。

6 **(Can) (I) have some?**

ちょっともらっていい？ → P46

Can I...? は「〜してもいい？」と自分の行動の許可をもらうフレーズです。食べ物などをひとくちもらうというときに Can I have some? とよく言います。

Let's practice!

7 >> 体調が悪くて、ごはんが作れない…

コンビニで買ってきてくれる?

(　　) (　　) go shopping at the convenience store?

8 >> SNSの投稿の仕方がわからないので友達に…

どうやってやるのか教えて。

Tell (　　) (　　) to do it.

9 >> エマを飲み会に誘う案が出たけど、ちょっと気まずいので…

エマを誘うのはやめておこう。

(　　) (　　) ask Emma.

HINT >> 「〜しないようにしよう」をソフトにした言い方

10 >> 電話をとろうとしたら、ピンポンが鳴った…

あとでかけ直してもらえますか?

(　　) you give (　　) a call later?

HINT >> 「あとでかけ直すことはできますか?」と丁寧に頼む

11 >> 今日こそは私がおごる番!

ここは私におごらせて。

(　　) (　　) treat you this time.

12 >> 飲み会に気になる相手を誘ってみる…

一緒に来てほしいな。

I'd (　　) (　　) to come with me.

HINT >> 「私はあなたに一緒に来てほしい」という言い方

7 (Can) (you) go shopping at the convenience store?

コンビニで買ってきてくれる?　　　→ P44

Can you...? は「～できますか?」が直訳ですが、「～やってくれる?」とカジュアルに依頼するときのひとことです。

8 Tell (me) (how) to do it.

どうやってやるのか教えて。　　　→ P55

Tell me... で、より具体的に何かを教えてもらいたいときの表現になります。what や who などの 5W1H の疑問詞との組み合わせるとバリエーションが広がります。

9 (Let's) (not) ask Emma.

エマを誘うのはやめておこう。　　　→ P52

「～しましょう」を意味する Let's の否定形です。「～はやめておこうかな」と気乗りしない気持ちを表します。

10 (Could) you give (me) a call later?

あとでかけ直してもらえますか?　　　→ P45

Could you...? は、「は可能でしょうか?」とたずねるフレーズです。相手が物理的にそれができるかどうかを確認するニュアンスです。

11 (Let) (me) treat you this time.

ここは私におごらせて。　　　→ P47

Let me... で「～させて」と何かを積極的に申し出る言い方になります。this time とすることで「今回だけでも」のようなニュアンスになります。

12 I'd (like) (you) to come with me.

一緒に来てほしいな。　　　→ P50

I'd like you to... は「あなたに～してほしい」という意味で、「他の誰でもなくあなたにお願いしたい」という気持ちが込められています。

Let's practice!

13 ▶▶ 残業続きだったので、そろそろ休みたい…

休みをいただきたいのですが。

(　　) (　　) **to take a day off.**

HINT ▷▷ 自分の希望を述べるときの丁寧な表現

14 ▶▶ 子どもの機嫌が朝から悪い…

なんで怒っているのか教えて。

(　　) **me** (　　) **you're mad at me.**

HINT ▷▷ 理由をたずねるときの疑問詞が入ります

15 ▶▶ はじめてのプレゼンに緊張しまくりの部下に…

気楽にやりなよ。

(　　) (　　) **easy.**

16 ▶▶ 付き合いの長い彼氏をそろそろ親に会わせたい…

私の家族に会ってほしい。

I'd like (　　) (　　) **meet my family.**

17 ▶▶ レストランの料理の味がうすい…

塩を取ってもらえますか?

(　　) (　　) **pass me the salt?**

HINT ▷▷ 相手が塩を取るをことは可能かを丁寧にたずねる

18 ▶▶ ちょっと寒いので窓際の人に…

悪いけど窓を閉めてくれる?

Do (　　) (　　) **closing the window?**

HINT ▷▷ 「窓を閉めるのは嫌ですか?」が直訳

13 (I'd) (like) to take a day off.

休みをいただきたいのですが。 → P48

I'd like to... は「〜させてください」のように、自分の希望を述べるときの丁寧な言い方です。

14 (Tell) me (why) you're mad at me.

なんで怒っているのか教えて。 → P55

Tell me のあとに、理由をたずねる疑問詞 why を続けると、「なぜ〜か教えて」という意味になります。

15 (Take) (it) easy.

気楽にやりなよ。 → P53

Take は「取る」なので、Take it easy は「それを気楽に受け取れ」つまり「気楽にいけよ」といったニュアンスです。さよならのあいさつや、頑張りすぎている人にかける言葉。

16 I'd like (you) (to) meet my family.

私の家族に会ってほしい。 → P50

I'd like you to meet... は「あなたに〜に会ってほしい」という意味で、誰かと誰かを引き合わせたいときのフレーズになります。

17 (Could) (you) pass me the salt?

塩を取ってもらえますか? → P45

Could you...? で「〜していただけますか?」と丁寧に頼みごとをするときに使われるフレーズですが、日常会話でもよく使われます。相手に何かを取ってもらうときは Could you pass me...? となります。

18 Do (you) (mind) closing the window?

悪いけど窓を閉めてくれる? → P49

Do you mind...? は「いいですか?」と相手に許可を求めるときのフレーズ。mind は「気にする」「〜を嫌だと思う」なので「あなたは〜するのが嫌ですか?」と相手の都合もあわせてたずねる言い方になります。

Let's practice!

19 ❯❯ ちょっと体調が悪いので早退して病院へ…

病院へ行きたいです。

( ) like to ( ) the doctor.

HINT ❯❯ 直訳は「医者に会いたい」

20 ❯❯ やばい! 金欠になってしまった…

給料日までお金貸してくれないかな。

I was ( ) if you ( ) lend me some
money until payday.

21 ❯❯ 気の合う友達におすすめの映画を見つけて…

この映画、ぜひ見てほしいの。

( ) like ( ) to watch this movie.

22 ❯❯ 取引先からの電話で担当が不在なので…

ご伝言をあずかりましょうか?

( ) I ( ) a message?

HINT ❯❯ へりくだった丁寧な言い方です

23 ❯❯ 実家にお菓子がいっぱいあって母が…

それ持って帰っていいよ。

( ) it ( ) with you.

HINT ❯❯ 「これをあなたと一緒に家に持って行って」が直訳

24 ❯❯ 会社で同僚に電話が。でもさっきランチに出てしまった…

あいにく出かけております。

( ) ( ) she's not here.

19 (I'd) like to (see) the doctor.

病院へ行きたいです。

→ P48

I'd は I would の省略で、I'd like to... は「〜したいです」「〜させてください」という意味。自分の希望を丁寧に伝えたいときに。see the doctor で「医者に会う＝病院へ行く」の意味になります。

20 I was (wondering) if you (could) lend me some money until payday.

給料日までお金貸してくれないかな。

→ P56

I was wondering if you could... で「〜してくれないかしら」「〜してくれるとありがたいんだけど」というニュアンスで、やや遠慮がちに丁寧に頼むときの言い方です。

21 (I'd) like (you) to watch this movie.

この映画、ぜひ見てほしいの。

→ P50

I'd like you to... は「〜してほしい」と相手に伝える言い回しで、「ぜひあなたに」という気持ちが込められています。

22 (May) I (take) a message?

ご伝言をあずかりましょうか？

→ P46

いつもよりも丁寧に許可を求めたいときは May I...?「〜させていただいてもよろしいでしょうか？」を使うのがおすすめです。「伝言をあずかる」は take a message。

23 (Take) it (home) with you.

それ持って帰っていいよ。

→ P53

take は「取る」なので、take it home で「〜を持って帰る」となります。外で得たもの、買ったものを家に持ち帰るときの表現です。with you をつけると、より丁寧な響きになります。

24 (I'm) (afraid) she's not here.

あいにく出かけております。

→ P54

I'm afraid... は、日常会話では「申し訳ありませんが」「あいにく〜です」と相手に不都合なことを伝えるときの切り出しフレーズとなります。

Let's practice!

25 ▶▶ 交差点の真ん中で写真を撮ろうとする友達に…

ここでの写真はやめておこう。

(   ) (   ) take photos here.

26 ▶▶ 赤ちゃんがカメラを触り始めた…

壊されちゃうから、どこかへやって。

She's going to break that. (   ) (   ) away.

27 ▶▶ 初対面の相手にちょっと聞きたいことがある…

質問してもかまいませんか?

Do (   ) (   ) if I ask a question?

HINT ▶▶ 「私が質問するのは嫌ですか?」が直訳

28 ▶▶ 友達とトイレに並んでいるけど我慢の限界…

先に行ってもいい?

(   ) (   ) go first?

HINT ▶▶ カジュアルに自分の行動の許可をもらう表現

29 ▶▶ 紹介してもらった女の子に一目惚れ…

彼女について全部話して。

(   ) (   ) all about her.

30 ▶▶ 夏休みの宿題やってない! 遠慮がちに友達へ…

ちょっと聞くけど、宿題手伝ってくれたりする?

I (   ) (   ) if you could help me with my homework.

HINT ▶▶ 直訳すると「手伝ってくれないかなぁと思ったのですが…」という感じ

2
章

お願いする

25　(Let's) (not) take photos here.

ここでの写真はやめておこう。→ P52

Let's not... は「〜はやめておこう」のほかにも、「〜しないほうがいいよ」とソフトな忠告としても使える表現になります。

26　She's going to break that. (Take) (it) away.

壊されちゃうから、どこかへやって。→ P53

Take it away. は「どこかへやってしまって」という意味で、子どもが危ないものや大切なものを持っていたら「取り上げて」というニュアンスで使います。

27　Do (you) (mind) if I ask a question?

質問してもかまいませんか?→ P49

Do you mind (if I)...? は直訳すると「(私が)〜したら嫌ですか?」で遠回しに「〜してもいいですか?」「〜してもかまわない?」とたずねるフレーズになります。

28　(Can) (I) go first?

先に行ってもいい?→ P46

Can I...? は日本語で「〜してもいい?」というニュアンスで、相手に許可を求めるときのカジュアルな表現です。go first で「先に行く」。

29　(Tell) (me) all about her.

彼女について全部話して。→ P55

Tell me. は「言って」という意味で、相手から何かを聞き出すときのひとことです。all about... で「〜に関するすべて」という意味で、知ってることは全部話して、というニュアンス。

30　I (was) (wondering) if you could help me with my homework.

ちょっと聞くけど、宿題手伝ってくれたりする?→ P56

I was wondering... は「〜してくれないかなぁと思うのですが」というニュアンスで、質問の前に添えると「ちょっとお聞きしますが」という前置きに。かしこまった場面で使うというよりは、断られたくなくて丁寧にお願いする感じです。

Let's practice!

31 ▶▶ 空港でチェックイン。座席のリクエストを聞かれて…

通路側をお願いします。

(　　) (　　　) an aisle seat on my flight.

HINT ▶▶ 「〜がほしい」の丁寧なお願い表現

32 ▶▶ 急に停電で辺りが真っ暗に…

暗所恐怖症なんだ。

I'm (　　) (　　　) the dark.

HINT ▶▶ 「暗いのを怖がる」というイメージ

33 ▶▶ 飲み会に誘われたけど、別の友達も暇そうだ…

友達を呼んでもいいかな?

(　　) you (　　) if I bring a friend?

34 ▶▶ 友達同士を引き合わせるときに…

あなたを友達に紹介させて。

(　　) (　　　) introduce you to my friend.

HINT ▶▶ 「私に〜させてください」と申し出る

35 ▶▶ パソコンの調子が悪いので得意な同僚に…

ちょっと私のパソコン見てくれる?

(　　) (　　　) look at my PC?

HINT ▶▶ 「〜できる?」というカジュアルなたずね方

36 ▶▶ 出かけようと誘われたけど、ちょっと風邪気味…

今日は外出はやめておこう。

(　　) (　　　) go out today.

31 **(I'd) (like) an aisle seat on my flight.**

通路側をお願いします。

→ P48

I'd like のあとに名詞を続けて、「〜をお願いします」などと、何かを注文するときの丁寧な言い方になります。窓際の場合は **window seat** になります。

32 **I'm (afraid) (of) the dark.**

暗所恐怖症なんだ。

→ P54

afraid は「恐れて」「怖がって」という意味なので、I'm afraid of... で「〜が怖いです」と自分が苦手とするものを伝えるフレーズです。

33 **(Do) you (mind) if I bring a friend?**

友達を呼んでもいいかな?

→ P49

Do you mind if...? で「〜してもかまいませんか?」と相手に許可を得るときのフレーズです。

34 **(Let) (me) introduce you to my friend.**

あなたを友達に紹介させて。

→ P47

introduce A to B で「AをBに紹介する」。Let me... で「〜させて」なので、「ぜひ2人を紹介させて」というニュアンスになります。

35 **(Can) (you) look at my PC?**

ちょっと私のパソコン見てくれる?

→ P44

Can you...? は「〜できる?」という意味。日常会話では、「やってくれる?」「お願いしちゃっていい?」と軽くものを頼むときの言い方。

36 **(Let's) (not) go out today.**

今日は外出はやめておこう。

→ P52

Let's not は Let us の否定形で、相手の誘いに対して「やめておこうかな」とソフトに断るときによく使われます。

Let's practice!

37 ▶▶ メールで質問を受けたけど、すぐにわからないので…

それに関して、改めてお返事させてください。

(　　　) (　　　　) get back to you on that.

38 ▶▶ 東京観光に来た友達と行き先を相談…

浅草寺に行くのはどう?

(　　　) you (　　　) to visit Sensoji temple?

HINT ▶▶ 相手の希望を丁寧に聞くフレーズ

39 ▶▶ 会議が煮詰まり、無理やりまとめようとする同僚に…

結論を急ぐのはやめておこう。

(　　　) (　　　　) rush into a decision.

HINT ▶▶ 相手を非難しないソフトな表現

40 ▶▶ 飲み会のあと、何人かでカラオケに行くみたい…

ご一緒してもいいかな?

Do you (　　　) (　　　) I join you?

HINT ▶▶ 「もし私があなたたちに加わったら嫌ですか?」が直訳

41 ▶▶ 小さな用事を部下に頼みたい…

ちょっとお願いしてもいいかな?

(　　　) (　　　) do me a favor?

42 ▶▶ 上司にちょっと相談ごと…

少し話すお時間をいただけたりしないでしょうか?

I (　　　) (　　　) if you could spare a few minutes to talk.

37　(Let) (me) get back to you on that.

それに関して、改めてお返事させてください。　　**→ P47**

Let me... で「〜させてください」と自分がやりたいことを伝えるフレーズ。**get back to you** は即答できないときに「改めて連絡する」のような意味でビジネスでよく使います。

38　(Would) you (like) to visit Sensoji temple?

浅草寺に行くのはどう？　　**→ P51**

Would you like to...? で「〜するのはどう？」「〜するのはどうですか？」という意味で、相手を誘ったり、何かをすすめるときのひとことです。

39　(Let's) (not) rush into a decision.

結論を急ぐのはやめておこう。　　**→ P52**

Let's not... は相手に「〜しないほうがいいよ」とソフトな忠告としても使える表現になります。「自分も含めて気をつけよう」のようなニュアンスになり、相手を非難する言い方を避けられます。**rush into a decision** は「慌てて決める」。

40　Do you (mind) (if) I join you?

ご一緒してもいいかな？　　**→ P49**

Do you mind if I...? は「…してもいいですか？」と相手からの許可を得るときの定番フレーズです。**join you** で「あなた（たち）に加わる」。

41　(Would) (you) do me a favor?

ちょっとお願いしてもいいかな？　　**→ P51**

favor は「親切心」という意味なので、**do ＋人＋a favor** で「〜に親切心をしめす」つまり「〜を手伝う」のようなニュアンスになります。これに丁寧に頼むときの **Would you...** をつけることで「ちょっと手伝っていただけますか？」のような丁寧な言い方になります。

42　I (was) (wondering) if you could spare a few minutes to talk.

少し話すお時間をいただけたりしないでしょうか？　　**→ P56**

I was wondering if you could... は「〜してくれたりしないでしょうか？」と、やや遠慮がちに丁寧に依頼するフレーズです。**I'm just wondering if you could...** もよく使います。

丁寧にお願いしたつもりでも、
相手にプレッシャーを与えているかも?!

　お願いしたい内容や度合いによって、日本語でも口調や語尾を変えることがあると思います。それは英語も同じ。例えば、次の例を見てみましょう。

＊軽いお願い
　Can you help me with this?（ちょっと手伝って**もらえる？**）
＊ちょっと断りづらい頼み方
　Could you check this by tomorrow?
　（明日までにこれを確認して**もらえますか？**）
＊一番プレッシャーのかかる頼み方
　Would you please send me the proposal by 5 pm today?
　（企画書を**必ず**午後5時までに送って**いただけますか？**）

　どれも依頼の表現ですが、こんなにニュアンスが違ってくるんですね。
　Can you...? は「相手がやってくれなくてもまったく問題ないですよ」という気軽な感じです。それに対して、**Could you...?** は丁寧ですが、そのぶん「断らないでほしい！」という切実さが含まれて、やや相手が断りづらい雰囲気になるのです。
　Would you...? はさらに丁寧な表現ですが、場面によっては相手に有無を言わせないプレッシャーを与えることもあります。
　このように、英語にも丁寧さのレベルがあります。自分の意図に合わせて使いわけができるようになるといいですね。

2
章

お願いする

3章

ものを
たずねる

道に迷ったり、落とし物をしたり…何か聞きたいことがあるとき、自分から英語で話しかけるのは勇気がいりますよね。そんなときでも、このフレーズを覚えておけば安心です。しっかり覚えて、ピンチに備えましょう！

27 ⬚⬚⬚ は大丈夫ですか？

Are you all right with ⬚⬚⬚ ?

こんなときに！ 予定表を見せて、問題がないかを確認…

Are you all right with this?
（これで大丈夫ですか？）

1　相手の体調や様子を確かめる

Are you all right? だけだと相手の無事を確認する言葉で、日本語でいう「大丈夫ですか？」「平気ですか？」の意味になります。転んでしまった人や、目の前で明らかに落ち込んでいる人に対して「大丈夫?」と気づかうフレーズです。

答え方は、問題なければ、**Thanks, I'm all right.**（ありがとう、大丈夫）、**I'm fine. Thanks for asking.**（平気だよ。気にしてくれてありがとう）のように伝えます。

2　アレルギーを確認するときにも

Are you all right with...? は「〜は大丈夫ですか?」という意味で、ある事柄について問題はないか、苦手じゃないかと具体的に確認するためのひとこととして使えます。食べ物や動物などへのアレルギーがないかの確認でもよく使われます。

Are you OK? も同じニュアンス。また、**Are you all right with**＋人だと「〜とはうまくいってる?」とたずねるパターンになります。

例 **Are you all right with cats?**
　（友達を家に招くが、ネコを飼っているので）ネコは大丈夫?

例 **Are you all right with him?**
　（以前悩み相談をされた友達に）彼とはうまくいってる?

28

他には [＿＿＿＿＿] ですか?

What else do you [＿＿＿＿＿]?

こんなときに! ▶ 買い物中、店員さんのおすすめにピンとこず…

> **What else do you have?**
> (他にはどんなのがありますか?)

1 追加するモノやコトがないかを確認

else は「他に」の意味で、追加の内容を聞く表現。**What else did you...?**(他に〜なかった?)と過去形にしたり、**What else does he/she ...?**(彼/彼女は他に〜ですか?)と第三者に使ったりもできます。

例 **What else did you do?**
  (遠足の思い出を子どもに聞いて)他には何をしたの?

例 **What else did she say?**
  (娘の友達の親とばったり会って)うちの子、他には何て言ってた?

2 お店の注文でも

この表現はお店の注文の際にも店員さんがよく使う表現になります。注文が終わったあとに、**What else do you need?**(他に必要なものはありませんか?)とたずねたり、カジュアルな店では**What else?**(他にない?)という表現も。**Anything else?** も同じ意味なので覚えておきましょう。

3 what 以外の疑問詞でも使える!

what の代わりに where や who などを使っても会話の幅が広がります。

例 **Who else did you invite?**(ゲストの人数を確認中)他に誰を呼んだの?

例 **Where else did you go?**
  (友達からヨーロッパ旅行の話を聞いて)他にどこへ行ったの?

3章
ものをたずねる

29

〔　　　　　〕はどうしたのですか?

What's wrong with 〔　　　　　〕?

こんなときに! 写真を撮ろうとしたけど、カメラが動かない…

What's wrong with this camera?
（このカメラどうなってるの?）

1 様子がおかしいモノに使う

wrong は「間違った」の意味なので、**What's wrong with...?** で「〜は どうしちゃったんだろう?」ということ。新品なのに起動しないパソコンに向 かって **What's wrong with this?** と言うと、「一体どうしたんだ、これ?」 というニュアンスになります。

例 **What's wrong with the cake?**
（オーブンから黒こげのケーキが）このケーキどうしちゃったの?

2 人に使うと、責めるニュアンスになることも

実はこの表現は人に使うときは注意が必要。**What's wrong?** だけだと、 元気がなかったり、浮かない様子の相手に「どうした?」と気づかう表現な のですが、**What's wrong with you?** だと、「一体どうしちゃったんだよ、 お前?」と、相手のポンコツぶりを責めるようなニュアンスにもなるのです。 **What's the matter?** も同じニュアンスの表現です。

「どうしたの? 大丈夫?」
（優しく気づかう）

「君、一体どうなってるんだよ!」
（責め立てる）

30

□□□□□ をご存じですか?
Do you know □□□□□ ?

こんなときに! ▶ 家の鍵が見あたらない…

Do you know where my key is?
（私の鍵どこにあるか知ってる?）

1 5W1Hで会話の幅が広がる

シンプルに名詞をあてはめて **Do you know her?**（彼女のこと知ってる?）と聞くこともできますが、**5W1H** を組み合わせると会話の幅がぐっと広がります。

例 **Do you know when the meeting will start?**
（会議の時間を忘れてしまった）会議って何時スタートだったっけ?

例 **Do you know who did it?**
（大切な植木鉢が倒れている!）誰の仕業か知ってる?

2 how to... を続けて方法をたずねる

基本フレーズのあとに **how** を続けるのは「どのように?」と、方法を具体的に聞きたいときに便利です。

例 **Do you know how to eat this?**
（旅行先ではじめて食べる料理を前に）これどうやって食べるかわかる?

例 **Do you know how to get to the station?**
（道に迷って通行人に）駅までどうやって行くかご存じですか?

3 You know what? は会話の切り出しフレーズ

ネイティブがよく使う **You know what?** というフレーズがあります。これは特に何かをたずねているわけではなく、「あのね…」「ちょっと聞いて!」という意味。会話をスタートするときにぜひ使ってみましょう。

31

［　　　　　　］はいくつですか?

How many ［　　　　　　］ ?

こんなときに! 友達がドーナツを買ってきてくれた…

How many are there?
（いくつある?）

1 あとに続く名詞は必ず複数形に

「〜はいくつですか?」と **How many** のあとに続くものの数をたずねる言い方。**How many apples...?** というように名詞を続ける場合は複数形になるので注意しましょう。何のことを指しているか相手がすでにわかっていれば、**How many?** だけでも使えます。例えばスーパーの魚売り場で **How many?** と聞かれたら「いくつ必要?」の意味。

例 **How many classes do you have today?**
（学校の友達と授業のあと遊びたい）今日は何限まであるの?

例 **How many beers are in the fridge?**
（今夜は宅飲み予定）冷蔵庫にビールいくつある?

2 How many times...? で回数を聞く

How many times...? で「何回〜しましたか?」という意味に。**How many times have you been to...?** は「〜へは何回行きましたか?」と訪れた回数を聞くときの定番表現なので、このまま覚えてしまいましょう。

例 **How many times did you call her?**
（彼女に電話しまくる友達に呆れて）一体何回彼女に電話したの?

例 **How many times have you been to Hawaii?**
（ハワイが大好きな友達に）ハワイには何回行ったの?

32

誰を [   ] しているのですか?

Who are you [   ]ing?

こんなときに! 友達がパーティー会場でそわそわ…

> ## Who are you looking for?
> （誰を探しているの?）

1 誰のことを〜しているのかたずねる

Who are you ...ing? は「(あなたが)〜しているのは誰ですか?」という意味。例えば、電話している最中に相手が他の人と話している様子のときに **Who are you talking to?**「誰と話してるの?」とたずねたりします。

例 **Who are you asking out?**
（飲み会前に友達が誰かに電話をかけている）誰を誘ってるの?

2 要注意! Who are you? は失礼な言い方にも

「どなたですか?」という意味で **Who are you?** と言ってしまうと、「お前は誰だ?」と失礼な言い方になってしまうので要注意。見知らぬ人から電話があった場合は **Can I ask your name?** などと聞いて相手に名乗ってもらうのがいいでしょう。部屋をノックされたり、顔が見えないインターフォンであれば **Who is it?** だと「どなた?」という失礼のない応答になります。

「お前は誰だ?」

「お名前伺えますか?」

33

何を 　　　　　　 したいですか？

What do you want to 　　　　　 ?

こんなときに！ 子どもと動物園に到着…

What do you want to see?
（何が見たい？）

1　相手の希望を具体的に聞きたいとき

What do you want to...? は「あなたは何を〜したいですか？」と相手が具体的にどうしたいのかをたずねるフレーズになります。
友達と映画を見に行くことになって「君は何が見たい？」と言いたいときは **What do you want to watch?** と使ったりします。相手に判断をゆだねるような言い方になります。

例 **What do you want to eat?**
　（友達と外食することに）何が食べたい？

例 **What do you want to do first?**
　（海外から到着した友達を観光地に案内）まず何からしたい？

2　What do you want? にはいらだちのニュアンスも

to 以下をつけずに **What do you want?** だけだと、「一体何をしてほしいの？」「何が望みなの？」と、イライラした気持ちが含まれる言い方になります。煮え切らない相手に使ったり、わずらわしい態度に痺れを切らして使ったりします。
また、**What do you want from me?** は「一体私にどうしてほしいの？」つまり、「私にはどうすることもできない」という意味で使うこともあります。

34

　　　　　　　 すべきですか?

Should I 　　　　　 ?

こんなときに! 友達に素敵な人を紹介されて…

Should I introduce myself first?
（僕から自己紹介したほうがいいかな?）

1　自分への助言を求めるとき

should は「〜すべき」なので Should I...? で「〜すべきですか?」という意味になります。自分がどうしたらいいか迷ったときなどに、アドバイスしてもらう言い方になります。例えば、順番などで自分が先に行くべきか、譲ったほうがいいのか迷うときがありますよね。そんなときは **Should I go first?** などと言います。should は「軽い提案」の意味もありますので、「〜したほうがいいかな?」くらいのニュアンスで使います。

例 **Should I add more salt?**
　（料理を作っているときに）もっとお塩を足したほうがいいかな?

例 **Should I wait for Mike to arrive?**
　（待ち合わせに1人遅れている）マイクの到着を待ったほうがいいかな?

2　「〜しようか?」と提案するときも

実は **Should I...?** は「〜しましょうか?」と、誰かに何かをしてあげるときの提案フレーズとしても使われます。例えば、道に迷っている人に場所を教えてあげてもピンと来てない様子。そんなときは、**Should I go with you?** と言えば、「一緒に行きましょうか?」というニュアンスになります。困っている様子の人に軽く助けを申し出るようなイメージで使えます。

例 **Should I call you back later?**
　（電話をしたけど、相手は何やら慌ただしい感じ）かけ直そうか?

35

_____ のために何ができますか?

What can I do _____ ?

こんなときに! お店にお客さんが来たので…

What can I do for you?
(いらっしゃいませ)

1 お店でお客さんに言う鉄板フレーズ

What can I do for you? は直訳すると「何かあなたのためにできることは
ありますか?」ですが、「いらっしゃいませ」「何にいたしましょう?」のように会社の受付やお店で使われる鉄板フレーズです。

What can I do? だけでも「手伝おうか?」と言いたいとき使えます。また、
What can I do to...? は「〜するために私にできることはあるかな?」という意味に。

例 **What can I do for you today?**
（美容室で美容師さんがお客さんに）今日はどうしましょうか?

例 **What can I do to help those affected by the earthquake?**
地震で被災した人を助けるために何ができるだろう?

2 困っている気持ちを表すことも

What can I do? には 「私はどうしたらいい?」という意味もあり、迷っている自分の気持ちを表します。友達に助けを求められて **What can I do?**
と言えば「私にどうしろっていうの?」というニュアンスに。

例 **What can I do about it?**
（水道管から水が噴出して実家に電話）どうしたらいいの?

例 **What can I do with my hair?**
（寝起きの髪の毛が収拾つかず）この髪、一体どうしたらいいの?

36

どうして ☐ なの?

How come ☐ ?

こんなときに! 大切なプレゼンに後輩が大遅刻!

How come you were late?
(どうして遅れたの?)

1 How comeのあとの語順に注意!

通常の疑問文と違い、**How come** のあとに主語+動詞の順番で文章を続けます。**How come...?** には驚きのニュアンスもあり、例えば来日したばかりの外国人が日本語ペラペラだった! というときに、**How come you can speak Japanese so fluently?** と言えば、こちらの驚きも伝わります。

例 **How come there are so many people here?**

(事故があったのか駅前に人だかり) なんでこんなに人がたくさんいるの?

2 Whyとの違いは?

理由をたずねる似たような表現ですが、**How come?** のほうがややくだけた言い方です。また、**Why...?** が単純に理由を聞いているのに対して、**How come...?** は想定外のことが起きて、どうしてそうなったか経緯を知りたいときによく使います。例えば海外にいるはずの友達にばったり出会ったとき、**How come you are here?** (なんでここにいるの?!) と聞きます。

(授業をさぼっている生徒に)
「一体なぜここにいるのかね?」

(海外在住の友達にバッタリ!)
「なんでここにいるの?!」

37

どこで ___ できますか?

Where can I ___ ?

こんなときに!　博物館のチケット売り場が見あたらない…

Where can I get tickets?
（チケットはどこで手に入りますか?）

1　海外旅行でとても役立つフレーズ

Where can I...? は「私はどこで〜できますか?」が直訳で、自分のしたいことがどこでできるかを聞く表現になります。海外旅行で場所をたずねるときにとても便利なので覚えておきましょう。

例文の**Where can I get...?**（どこで〜を入手できますか?）の他に、**Where can I buy...?**（どこで〜を買えますか?）、**Where can I see...?**（どこで〜が見られますか?）などをおさえておきましょう。

例 **Where can I get a taxi?**
（タクシーがなかなか通らない）タクシーはどこでつかまえられますか?

例 **Where can I buy something to drink?**
（喉がかわいたので飲み物がほしい）飲み物はどこで買えますか?

2　Where can I find...? は売り場を聞く丁寧な表現

買い物をしているときなどに「〜はどこにありますか?」とたずねたいときは、**Where can I find...?** という言い方が丁寧でおすすめです。**Where is...?** だと「〜はどこ?」のように、ややストレートすぎる可能性もありますので、親しい人以外には **Where can I find...?** を使いましょう。

例 **Where can I find the cashier?**
（お会計をしたいのにレジが見つからない）レジはどこですか?

38

しましょうか?

Do you want me to [ ] ?

こんなときに! 友達が窓口に呼ばれたけど、ちょっと不安そう…

Do you want me to come with you?
（一緒に行こうか?）

1 押しつけがましくない申し出

直訳すると「私に〜してほしい?」という意味ですが、これは「〜しましょうか?」と相手のしてほしいことを察して、ヘルプを申し出る表現になります。例えば、友達や同僚が目の前で困っている様子だったら、**Do you want me to help?**（手伝おうか?）のようにたずねます。相手に判断をゆだねた押しつけがましくない申し出で、日常でもよく使われます。

例 **Do you want me to pick you up at Mary's?**
（友達の家に遊びに行く恋人に）メアリの家まで迎えに行こうか?

例 **Do you want me to ask him?**
（友達が先輩に言いづらそうなので）私から頼んでみようか?

2 丁寧に言いたいならWould you like me to...?

Would you like me to...? という表現は、**Do you want me to...?** と同じ意味ですが、さらに丁寧な言い方になります。初対面の人や、店員さんがお客さんに希望を聞くようなときに使います。覚えておくと、町で困った人に手助けを申し出るときなどにも使えるので便利です。

例 **Would you like me to take a picture?**
（外国人カップルが自撮りをしている）お撮りしましょうか?

39

どんな種類の ⬜⬜⬜ ですか?

What kind of ⬜⬜⬜ ?

こんなときに! 友達とYouTubeについて話して…

What kind of channel do you like?
（どんな番組が好き?）

1 会話を深める鉄板フレーズ

What kind of...? はモノやコトの種類をたずねるフレーズ。初対面の相手との雑談などでも、より詳細な情報を聞くことで、交流が深まったりしますよね。例えば、**I like sports.** と言われて「そうですか」で終わるのではなく、**What kind of sports do you like?**（どんなスポーツが好きですか?）と少しつっこんだ質問をすることで、相手ともう一歩踏み込んだ会話ができるはずです。

例 **What kind of things are you interested in?**
（仲良くなった人の趣味を知りたい）どんなことに興味があるの?

2 お店ではWhat kind of... do you have?

What kind of... do you have? は「どんな種類の〜がありますか?」と聞く言い回しで、〜の部分に聞きたいものの名前をあてはめるだけの万能フレーズ。ここでの **you** は、相手だけではなくお店全体のことを指し、そのお店にどんな種類のものがあるかをたずねています。

例 **What kind of drinks do you have?**
（レストランでまず飲み物を聞かれて）どんな飲み物がありますか?

例 **What kind of magazines do you have?**
（美容院でカラー中に）どんな雑誌がありますか?

Let's practice!

1 　>> タクシーをつかまえたいけど、空車が見あたらない…

どこでタクシーを拾えますか?

Where (　　　) (　　　) get a cab?

2 　>> 子どもが宿題をしていなかったので…

どうして宿題を終わらせなかったの?

(　　　) (　　　) you didn't finish your homework?

3 　>> 見たい番組を聞いてみる…

今夜テレビで何が見たい?

(　　　) do you want (　　　) watch on TV tonight?

4 　>> カフェでいい感じの曲が流れて…

この歌を歌ってるの誰かわかる?

Do you (　　　) (　　　) the singer of this song is?

5 　>> 友達が家に来ることになったが、犬がいるので…

犬は大丈夫ですか?

Are you (　　　) (　　　) with dogs?

6 　>> 子どもたちだけでお留守番。宿題をしていたと言ってるけれど…

他に君たちは何をしたの?

(　　　) (　　　) did you do?

3
章

も
の
を
た
ず
ね
る

1　Where (can) (I) get a cab?

どこでタクシーを拾えますか？

→ P84

Where can I...? は「私はどこで〜できますか？」と、自分のしたいことがどこでできるかを聞くフレーズです。**get/catch a cab/taxi** で「タクシーをつかまえる」。

2　(How) (come) you didn't finish your homework?

どうして宿題を終わらせなかったの？

→ P83

How come...? は「なぜ〜ですか？」と理由をたずねるフレーズ。想定外のことが起きて、どうしてそうなったか経緯を知りたいときによく使います。

3　(What) do you want (to) watch on TV tonight?

今夜テレビで何が見たい？

→ P80

「何を〜したいですか？」と、相手がどうしたいのか聞きたいときは **What do you want to...?** という言い回しを使います。相手に判断をゆだねるようなニュアンスになります。

4　Do you (know) (who) the singer of this song is?

この歌を歌ってるの誰かわかる？

→ P77

Do you know...? は相手があることについて知っているかどうかをたずねるフレーズ。**know** のあとにはいろいろな疑問詞をあてはめて使うことができます。

5　Are you (all) (right) with dogs?

犬は大丈夫ですか？

→ P74

all right は「大丈夫」「問題ない」なので、**Are you all right with...?** で「〜は大丈夫ですか？」という意味になります。アレルギーの有無などを聞くのに便利です。

6　(What) (else) did you do?

他に君たちは何をしたの？

→ P75

else は「他に」という意味なので、**What else did you...?** で「他に〜はなかったですか？」と相手の過去の話で、情報をさらに聞きたいときなどに使えます。

Let's practice!

7 　>> 夜中に娘がまだスマホを触っているので…

こんな遅くに誰にメールしてるの?

(　　　) are (　　　) texting so late at night?

8 　>> レストランで飲み物をすすめられて…

どんなワインがありますか?

What (　　　) of wines do you (　　　)?

HINT 》》「どんな種類の〜を持っていますか?」が直訳

9 　>> ちょっとお疲れ気味だけど飲み会のお誘いが…

飲み会に行くべき? それとも家にいるべきかな?

(　　　)(　　　) go to the party or stay home?

10 　>> 友達の課題が終わらない様子…

手伝ってほしい?

Do you (　　　) me (　　　) help?

HINT 》》「私に手伝ってほしい?」という聞き方

11 　>> 友達から車を借りたものの、エンジンがかからない…

この車どうなってるの?

What's (　　　)(　　　) this car?

HINT 》》「この車は何が問題なんだ」というニュアンス

12 　>> 約束をしていたけど、残業決定。先に行ってもらうことに…

お店は何時までかな?

Do (　　　)(　　　) when the restaurant closes?

HINT 》》「そのお店が何時に閉まるのかあなたは知っている?」という意味

7 (Who) are (you) texting so late at night?

こんな遅くに誰にメールしてるの？

→ P79

Who are you ...ing? で「誰に〜しているの？」というフレーズ。text は「文字」ですが、動詞では「（スマホなどで）メッセージを送る」という意味があります。

8 What (kind) of wines do you (have)?

どんなワインがありますか？

→ P86

お店にどんな種類があるかをたずねるときは What kind of... do you have? となります。ここでの you は「お店」のことです。

9 (Should) (I) go to the party or stay home?

飲み会に行くべき？ それとも家にいるべきかな？

→ P81

Should I...? は「〜すべきかな？」と自分の行動について迷っているときに使うフレーズです。Should I ...or...? は2択で迷っているときに使います。

10 Do you (want) me (to) help?

手伝ってほしい？

→ P85

Do you want me to...? は「私に〜してほしい？」が直訳ですが、「〜をしようか？」と自分にできることがないか、手伝いなどを申し出るフレーズです。

11 What's (wrong) (with) this car?

この車どうなってるの？

→ P76

wrong は「間違った」の意味なので、What's wrong with...? で「〜はどうしちゃったんだろう？」と不思議がるときの言い方です。

12 Do (you) (know) when the restaurant closes?

お店は何時までかな？

→ P77

何かの時間を知っているかどうかを聞くときは Do you know when...? というフレーズを使います。

Let's practice!

13 ❯❯ はじめて訪れる街でおいしいコーヒーが飲みたい…

この辺りでいいカフェはありますか?

(　　　) can I (　　　　) a good café around here?

HINT ❯❯❯ 「どこで〜を見つけることができますか?」というニュアンス

14 ❯❯ 電話をかけたけど、疲れてそう…

明日かけ直そうか?

(　　　) (　　　　) call you back tomorrow?

HINT ❯❯❯ 「明日かけ直すべきですか?」が直訳

15 ❯❯ 洗濯物を干そうか迷って…

今日の天気予報何だかわかる?

(　　　) you know (　　　) the weather forecast is for today?

16 ❯❯ 企画していたイベントは仕切り直したほうがよさそう…

イベントは延期でいいかな?

(　　　) you all (　　　) with postponing the event?

17 ❯❯ 違うクラスの友達に聞いてみる…

君のクラスは何人いるの?

(　　　) (　　　　) people are there in your class?

18 ❯❯ 季節の変わり目。着ていく服に悩んで…

今日はコート着ていくべきかな?

(　　　) (　　　　) wear a coat today?

13 (Where) can I (find) a good café around here?

この辺りでいいカフェはありますか？　　　　　　　→ P84

「どこに〜はありますか？」と求めているものがある場所をたずねたいときは、**Where can I find...?** という言い方が丁寧でおすすめです。

14 (Should) (I) call you back tomorrow?

明日かけ直そうか？　　　　　　　　　　　　　　→ P81

Should I...? は「〜しましょうか？」と、誰かに何かをしてあげるときの提案フレーズとしても使います。**call someone back** で「〜に（電話を）かけ直す」。

15 (Do) you know (what) the weather forecast is for today?

今日の天気予報何だかわかる？　　　　　　　　　→ P77

Do you know what...? で「〜が何かわかりますか？」という意味。相手に聞きたいことがあるときのフレーズ。**weather forecast** は「天気予報」。

16 (Are) you all (right) with postponing the event?

イベントは延長でいいかな？　　　　　　　　　　→ P74

Are you all right with ...? で「〜で大丈夫ですか？」「〜は問題ないですか？」という意味になります。**postpone** は「延期する」。

17 (How) (many) people are there in your class?

君のクラスは何人いるの？　　　　　　　　　　　→ P78

How many...? はあとに続くものについて「〜はいくつですか？」とたずねる言い方になります。数を聞くときの定番表現です。

18 (Should) (I) wear a coat today?

今日はコート着ていくべきかな？　　　　　　　　→ P81

should は「〜すべき」なので **Should I...?** で「〜すべきですか？」という意味になります。迷ってアドバイスがほしいときに使うフレーズです。

Let's practice!

19 >> 仕事の納期を確認して…

この締め切りで大丈夫ですか?

Are you all (　　　) (　　　) this deadline?

20 >> 新しいスマホをゲットしたのですが…

この古いスマホはどうしたらいい?

(　　　) can I (　　　) with my old smartphone?

HINT >>> 扱いや対応の仕方がわからなくて困っているときに

21 >> お正月は親戚で集まると言う同僚に…

親戚は何人くらいいるの?

How (　　　) relatives do you (　　　)?

HINT >>> 「親戚を何人持っているの?」が直訳

22 >> 地元の京都を案内することに…

他にどこへ行きたい?

(　　　) (　　　) do you want to go?

HINT >>> 場所をたずねる疑問詞を使って

23 >> 友達に夕食を作ることになり…

夕飯には何が食べたい?

(　　　) (　　　) you want to eat for dinner?

24 >> 同じ映画を繰り返し見る友達に呆れて…

その映画、何回見たの?

How (　　　) (　　　) have you watched that movie?

19 Are you all (right) (with) this deadline?

この締め切りで大丈夫ですか？

→ P74

Are you all right with...? で「〜は大丈夫ですか？」と、ある事柄に対して問題点はないかを具体的に確認するフレーズになります。deadline は「締切」。

20 (What) can I (do) with my old smartphone?

この古いスマホはどうしたらいい？

→ P82

What can I do? には「私はどうしたらいい？」という意味もあり、What can I do with...? で「これをどうしたらいいのだろう？」と扱いがわからずに困っている状況を表します。

21 How (many) relatives do you (have)?

親戚は何人くらいいるの？

→ P78

How many...do you have? で「いくつ〜を持っていますか？」と相手が持っているものの数をたずねるフレーズです。relatives は「親戚」。

22 (Where) (else) do you want to go?

他にどこへ行きたい？

→ P75

Where else do you want to...? で「他に〜したいところはありますか？」という意味。相手に行きたい場所をたずねる表現です。

23 (What) (do) you want to eat for dinner?

夕飯には何が食べたい？

→ P80

What do you want to...? は「あなたは何を〜したいですか？」と具体的にどうしたいのかをたずねるフレーズです。

24 How (many) (times) have you watched that movie?

その映画、何回見たの？

→ P78

How many times...? 「何度〜しますか？」と回数を聞くフレーズになります。自宅などで「映画を見る」は watch a movie、映画館で見るときは see a movie を使います。

Let's practice!

25 ▶▶ 寮の部屋をノックする音が聞こえて…

どなたですか?

( ) is ( )?

26 ▶▶ お目当てのレストランはどうやら人気店…

レストランの予約しておきましょうか?

( ) you ( ) me to make a restaurant reservation for you?

HINT ▶▶▶ そうしてほしいかどうかを相手に丁寧に聞く表現

27 ▶▶ 校門に友達がいた…

誰を待っているの?

( ) are you ( ) for?

HINT ▶▶▶ 今まさに待っている相手に対する発言

28 ▶▶ 入院中の友達に必要なものを確認…

他に必要なものはない?

What ( ) do you ( )?

29 ▶▶ お店にお客さんがやってきて…

いらっしゃいませ。

( ) can I ( ) for you?

HINT ▶▶▶ 「私があなたにできることは何ですか?」が直訳

30 ▶▶ 友達に何度も電話をスルーされて…

なんで電話に出なかったの?

How ( ) you ( ) answer my call?

Answers

25 (Who) is (it)?

どなたですか?

→ P79

見えない人に向かって「どなた?」と聞きたいときは、**Who is it?** が定番表現です。**Who are you?** だと「誰だ?」のような感じで、やや失礼な言い方になるので気をつけましょう。

26 (Would) you (like) me to make a restaurant reservation for you?

レストランの予約しておきましょうか?

→ P85

Would you like me to...? という表現は、Do you want me to...? と同じ意味ですが、さらに丁寧な言い方です。初対面の人の希望を聞くときに使ったりします。

27 (Who) are you (waiting) for?

誰を待っているの?

→ P79

Who are you ...ing? は「(あなたが)〜しているのは誰ですか?」という意味。現在進行形で相手がしていることをたずねるフレーズになります。

28 What (else) do you (need)?

他に必要なものはない?

→ P75

elseは「他に」という意味で、What else do you...? で「他に〜はないですか?」と追加する内容がないかをたずねる表現です。

29 (What) can I (do) for you?

いらっしゃいませ。

→ P82

何かを「しましょうか?」と、相手に手助けを申し出るときに使うひとことです。接客では「いらっしゃいませ」「何にいたしましょう?」のように使われる定番フレーズです。

30 How (come) you (didn't) answer my call?

なんで電話に出なかったの?

→ P83

「どうして〜しなかったの?」は How come you didn't...? という言い回しを使います。相手がなぜそうしなかったのかをたずねるフレーズです。

Let's practice!

31 ▶▶ SNSで知り合った友達に…

どんなことに興味があるの?

What (　　) (　　) things are you interested in?

32 ▶▶ 遅刻したのに謝らない彼氏に…

なんで遅れたの?

(　　) (　　) you were late?

HINT ▶▶ 遅れた経緯を聞きたいときに

33 ▶▶ サッカーファンの友達と試合を見ながら…

誰を応援しているの?

(　　) are (　　) rooting for?

34 ▶▶ 会社のプリンターが大きな音を立て始めた…

このプリンターはどこが悪いんだろう?

(　　) (　　) with this printer?

35 ▶▶ パンフレットがほしいけど見あたらないので受付で質問…

パンフレットはどこでもらえますか?

(　　) (　　) I get a brochure?

36 ▶▶ 子どもがはじめて一人旅をするので、ちょっと心配…

駅まで一緒に行こうか?

Do you (　　) (　　) to go with you to the station?

31 What (kind) (of) things are you interested in?

どんなことに興味があるの?

→ P86

What kind of...? で「どんな種類の〜ですか?」などと、モノやコトの種類をたずねるフレーズ。より詳細な情報を聞きたいときに。

32 (How) (come) you were late?

なんで遅れたの?

→ P83

How come...? は「どうして〜ですか?」と相手に理由を聞くときのフレーズです。How come のあとには主語＋動詞の順番で文章をあてはめます。

33 (Who) are (you) rooting for?

誰を応援しているの?

→ P79

Who are you ...ing? で「誰に〜しているの?」という意味で、相手の行動の対象が誰かを聞くフレーズです。root for で「〜を応援する」。

34 (What's) (wrong) with this printer?

このプリンターはどこが悪いんだろう?

→ P76

be wrong with... で「〜にとってよくない」「〜に欠陥がある」という意味になります。体調や気分の優れなさそうな人に What's wrong? と言えば「どうしたの?」という意味になります。

35 (Where) (can) I get a brochure?

パンフレットはどこでもらえますか?

→ P84

Where can I...? は「私はどこで〜できますか?」が直訳で、自分のしたいことがどこでできるかを聞くフレーズです。Where can I get...? は「どこで〜をもらえますか?（買えますか?）」という意味。

36 Do you (want) (me) to go with you to the station?

駅まで一緒に行こうか?

→ P85

Do you want me to...? は「私に〜してほしい?」ですが、「〜しましょうか?」と相手のしてほしいことを察して、手助けなどを申し出るフレーズです。

Let's practice!

37 ▶▶ 日本に来たばかりの外国人と話してみて…

どうしてそんなに日本語ペラペラになったの？

(　　)(　　) you can speak Japanese so
fluently?

HINT 》》 意外なこと、想定外のことが起きて理由が知りたい

38 ▶▶ デートの予定を立てながら…

週末には何がしたい？

What (　　) you (　　) to do this weekend?

HINT 》》 相手の希望を聞くカジュアルなフレーズ

39 ▶▶ 普段は仕事ができる仲のいい同僚が失敗ばかり…

お前どうしちゃったんだよ？

(　　) wrong (　　) you?

HINT 》》 「あなたはどこか問題なの？」が直訳

40 ▶▶ 友達の結婚式のドレス探しを手伝うことになり…

どんなイメージを持ってるの？

(　　)(　　) of image do you have?

41 ▶▶ 会議の時間について確認…

2時の会議は大丈夫ですか？

Are you (　　)(　　) with meeting at 2 pm?

HINT 》》 「〜で問題はないか？」とたずねる表現

42 ▶▶ おすすめアプリを教えてもらったけど、使い方がわからない…

このアプリの使い方わかる？

Do you (　　)(　　) to use this app?

3
章

も
の
を
た
ず
ね
る

37 **(How) (come) you can speak Japanese so fluently?**

どうしてそんなに日本語ペラペラになったの？

→ P83

How come...? は「どうして〜ですか？」と理由をたずねるフレーズで、驚きの感情を伴います。speak fluently で「流暢に（ペラペラと）話す」。

38 **What (do) you (want) to do this weekend?**

週末には何がしたい？

→ P80

What do you want to...? は「何を〜したいですか？」と相手のしたいことをたずねるフレーズです。to のあとは動詞の原形を続けます。

39 **(What's) wrong (with) you?**

お前どうしちゃったんだよ？

→ P76

What's wrong with you? は「一体どうしちゃったんだよ、お前？」と、相手のポンコツぶりを責めるようなニュアンスにもなるので、かなり親しい相手にだけ使います。

40 **(What) (kind) of image do you have?**

どんなイメージを持ってるの？

→ P86

What kind of...do you have? は、「どんな種類の〜を持っていますか？」という意味です。ここではイメージを共有するために相手の好みをたずねています。

41 **Are you (all) (right) with meeting at 2 pm?**

2時の会議は大丈夫ですか？

→ P74

all right は「問題ない」「大丈夫な」という意味なので、Are you all right with...? で「〜については問題ないですか？」と相手に確認するときのフレーズになります。

42 **Do you (know) (how) to use this app?**

このアプリの使い方わかる？

→ P77

how は「どのように？」と、方法をたずねるときに使うので、Do you know how to...? で「〜のやり方がわかりますか？」という意味になります。app は「アプリ」。

素朴な疑問を投げかけたはずが、
相手を責めるニュアンスに…

　会話は、質問と答えのキャッチボールが続くことで広がっていきますよね。「〜かな?」とちょっとした疑問を投げかけることで会話が弾むことも。

　ここで気をつけたいのが、ただ素朴な疑問をつぶやいたつもりなのに、相手を責めるようなニュアンスになってしまうことです。

>> 明日の天気が気になって…
* 単なる投げかけ
　I wonder if it will rain. （明日は雨降るかなぁ?）
* 相手に回答をせまっている印象
　Is it going to rain? （明日は雨が降りますか?）

　「雨が降るかな?」と誰かに聞くとき、**Is it going to rain?** でも意味は合っているのですが、場合によっては「あなたが知っているべき」というニュアンスで受け取られてしまうかもしれません。

　Is it going to...? は、現状や証拠に基づいて何かが起こるかどうかをたずねる質問なので、相手に「それらの情報に基づいて教えて」と前のめりに答えを求めている感じがするのです。

　I wonder if... であれば「〜なのかな?」とただ相手に話しかけていて、答えは求めていないイメージです。そうすれば相手も、プレッシャーを感じずに、**I don't know. Let's check.** （どうかな、みてみよう）などと自然に会話が続いていくはずです。

　ちょっとしたニュアンスの違いですが、**I wonder if...** というフレーズを覚えることで、自分の意図が伝わりやすくなります。

4章

状況を
説明する

うまく状況を説明できないとき、つい苦笑いして、「It's OK...」などと言って諦めてしまっていませんか？　細部まで文法にとらわれてしまうと、言いたいことも言えなくなってしまいます。まずは基本パターンで切り出して、思い切って話してみれば、きっと伝わりますよ！

40

私は ⬚ できます。

I can ⬚ .

こんなときに！ プレゼン準備にてんてこまいの同僚に…

I can help you.
（僕が手伝うよ）

1 得意なことや、してあげられることを伝える

自己紹介などで、I can speak Korean.（韓国語が話せます）のように、自分が得意なことをアピールするときに使います。また、**Can anyone help me move tomorrow?**（明日の引っ越し誰か手伝ってくれない?）→ **I can do that.**（私できるよ）などと、何かをやってあげるときにも使います。

例 **I can do programming.**
（面接で特技を聞かれ）プログラミングができます。

例 **I can do it by myself.**（おせっかいな母親に）ひとりでできるよ。

2 ビジネスで活用できる I can handle it.

「扱う」という意味の **handle** を使って、I can handle it. と言うと、私に扱わせて＝私に任せてください、という意味になり、仕事を自分で引き受けるときの頼もしいひとことになります。**I can manage.** も「なんとかできますよ」という意味でよく使われる表現です。

3 I can tell. の意外な意味

直訳は「私は言える」ですが、**tell** には「わかる」という意味があるので、相手の発言に「わかるよ」という意味で使います。あいまいな返しで「なんとも言えないな」と言うときは I can't tell. となります。

41

するのをやめられない。

I can't help ☐ ing.

こんなときに！ 友達から送られてきた動画がおもしろい…

I can't help laughing!
（笑いが止まらない！）

1 自然とそうなってしまう行動を表す

help には「助ける」以外にも「避ける」という意味があるので、can't help ...ing は避けられない＝「〜せざるを得ない」、自然と出てしまう行動に対して使います。ネコ好きな人なら I can't stop smiling when I see cats.（ネコを見るとどうしてもにやけちゃう）のようにも。

また、本当はしたくないのに自分でコントロールできないことにも使います。

例 **I can't help thinking about him.**
（テレビで見たアイドルに夢中）彼のことばっかり考えちゃう。

例 **I can't help eating sweets.**
（ショックなことがあって）甘いものを食べなきゃやってらんない。

2 過去の場合は could を使う

過去の回避しようもなかったことを話す場合は could を使います。つまみ食いをしてしまって怒られたときなどに、I couldn't help it. と言えば、「どうしようもなかった」という意味になります。

例 **Why were you driving so fast?**
（昨日見た友達の事について）どうしてそんなにスピード出してたの？

→**I thought I was going to be late for my flight. I couldn't help it.** 飛行機に遅れるかと思って。仕方なかったんだ。

42

だろうか。

I wonder [　　　　　] .

こんなときに！ お店にあるジュエリーを見て…

I wonder how much it costs.
（いくらくらいするのかなぁ）

1 「〜かなぁ」という軽い疑問

wonder は名詞だと「不思議なもの」という意味。I wonder... で「〜かなぁ」と疑問に思うことを表します。また、**Is he going to come?**（彼は来るの?）→ **I wonder.**（さぁどうだろう）のように単体でも使えます。

例 **I wonder what's going on.**
（渋滞で全然車が進まない）どうなっているのかな。

2 I wonder if you could... はお願いごとをするときに

I wonder if you could... で 「〜していただけないでしょうか?」という、とても丁寧な頼み方になります。ストレートに「手伝って!」と言うよりも、「手伝ってくれたらうれしいんだけど…」というソフトな依頼表現です。
could の代わりに would を使うこともあります。

例 **I wonder if you could tell us the way to the station.**
（道に迷って）駅までの道を教えていただけないでしょうか?

Help me!

I wonder if you could help.

「手伝ってよ!」　　　　　「手伝ってくれたらうれしいんだけど…」

43

私なら [____] しません。

I wouldn't [____] .

こんなときに！ ズボラな人にお金を貸してしまった友達にチクリ…

I wouldn't do that if I were you.
（私ならそんなことしないな）

1 乗り気じゃない気持ち

would のあとに not をつけ、**wouldn't** にすると「〜しないだろう」という意味に。誰かからの誘いにあまり乗り気じゃない気持ちを表します。

また、相手の行動に賛成できないときに、例文のように I wouldn't do that if I were you. と表現します。相手の発言を受けたあとであれば do 以下は省略してもOKです。

例 **I wouldn't do that for a million dollars.**
（レアチケットを友達に譲ってと頼まれ）100万ドルもらってもお断りよ。

例 **I wouldn't miss it for the world.**
（親友がホールで演奏すると聞いて）何があっても絶対に行くよ。

*miss 逃す *for the world 絶対に

2 第三者が協力的ではない様子を伝えるときにも

上記のように **wouldn't** は乗り気でない気持ちを表します。これを第三者に対して使うと「協力的ではない」というニュアンスに。モノに対しても「動作しない」という意味で、自分に対して協力的ではない様子を表します。

例 **My girlfriend wouldn't say yes to my proposal.**
（彼女とケンカして）彼女はきっとプロポーズをOKしてくれないだろう。

例 **My PC wouldn't work today.**
（パソコンが立ち上がらない）今日はパソコンが動きませんでした。

44

_____ するつもりです。

I'm going to _____ .

こんなときに！ 友達と夏休みの計画について話して…

I'm going to go to camp.
（キャンプへ行くつもりだよ）

1　確定している予定を話すフレーズ

「〜するつもりです」の意味で、すでに決まっていた予定を伝える表現。

例 **I'm going to go to the hospital.**
（診察を予約済み）これから病院に行く予定です。

例 **I'm going to be a freshman this September.**
（大学への入学が決まって）9月から大学1年生です。

2　will と be going to の違いは?

will も同じく「〜するつもり」という意味ですが、**I'm going to...** と違うのは、それを決めたタイミングです。例えば、転職する予定があって、計画的に辞める予定ならば、**I'm going to quit my job.** ですが、嫌なことが重なって「辞めてやる！」とその場で決めたような場合は **I will quit my job.** となります。そこには「辞めるぞ」という強い意志が含まれます。

過去	発話の時点	未来

I'm going to quit my job.

I will quit my job!

will
今決めた未来

be going to
過去に決定されていた未来

「会社を辞める予定です」
（以前から計画的に決めている）

「もうこんな会社辞めてやる！」
（今、突発的に決めた）

45

することになっています。

I'm supposed to [　　　　].

I'm supposed to finish at 9:00.
（9時には終わるはず）

1 supposed to と going to の違いは?

be supposed to... は約束や予定に対して、そうであるよう「期待する」という意味合いがあります。同じく予定を表す表現に、P108で紹介した **I'm going to** がありますが、**I'm supposed to** は「〜することになっている」のように、単なる予定で、やや義務的な感じなのに対し、**I'm going to** には、楽しみな気持ちが含まれます。楽しみな予定には **I'm going to** がおすすめです。

例 **I'm supposed to see the doctor today.**
（気が重いけど予約したので）今日は病院へ行くことになっているんだ。

例 **I'm supposed to go to work tomorrow.**
（明日は休みか聞かれて）明日は働かなきゃいけない。

2 規則で禁止されていることをやんわり伝える

You're supposed to... は規則で決まっているので「そうすべき」とか、**You're not supposed to...** で「やめておいたほうがいいよ」というときにも使います。**Don't do that.**（やっちゃダメ）というよりも、「そういう決まりだからやめておいたほうがいい」くらいのやんわりした忠告です。

例 **You're not supposed to take photos here.**
（友達がカメラを取り出したのを見て）ここは撮影禁止みたいだよ。

46

よければ ⬚ していいですよ。

You can ⬚ if you want to.

こんなときに！ 誕生日会に友達夫婦を誘うときに…

You can bring him if you want to.
（よければ旦那さんも一緒にどうぞ）

1 押しつけがましくない提案フレーズ

You can…if you want to. は「よかったら〜していいよ」と相手に提案するひとことです。「もし」と仮定を意味する **if** が入ることで、「よければ」というニュアンスの押しつけがましくない言い方になります。
友達に声をかけるときや、店員さんがお客さんに良かれと思って何かを提案するようなときにも使えます。

例 You can start drinking if you want to.
（乾杯前に電話が鳴って）よかったら先に飲み始めてて。

例 You can try this if you want to.
（店員さんが試供品を手渡しながら）もしよければお試しください。

2 最後に軽くつけ加える言い方

何かお願いごとをしたあとや何かに誘ったあとに、**Only if you want to.** と付け足すと、「あ、もしよければね」「よかったらでいいからね」と念を押すイメージで伝えるときの言い方になります。

例 Can you give me a ride today? Only if you want to.
（友達に送迎を頼む）今日車で送ってくれる？　もしよければね。
→Sure. Why not?　もちろんだよ、そうさせて！

47

のようですね。

It seems [   ].

こんなときに！ どうやら終電に乗り遅れた友達に…

It seems you need to take a taxi.
（タクシーつかまえたほうが良さそうだね）

1 見た印象をそのまま伝える

It seems... は自分が何かを見て、「〜みたいだね」とその印象を述べるひとこと。「どうやら〜らしいよ」と噂話をするときにも使います。

例 **It seems there's a problem with the PC.**
（隣の同僚が何度もパソコンを再起動中）パソコン調子悪そうだね。

例 **It seems that Mike got fired immediately due to power harassment.**
（急に退職した上司の噂を聞いて）マイクはパワハラで解雇されたらしいよ。

2 It seems like... と It looks like... の違いは？

どちらも「〜のようだ」という意味ですが、**It seems like...** は対象の状況から推測した結果「そんな気がする」というニュアンス。**It looks like...** は実際に見たものをヒントに推測するときに使われます。

例 **It seems like they broke up.**
（ラブラブだった2人が最近よそよそしい）2人は別れた気がする。

（自分の目で空を見ながら）
「今晩は雨が降りそうだ」

（TVの天気予報を見ながら）
「今晩は雨が降るみたいだ」

4 章

状況を説明する

111

48

□□□□□ 次第です。

It depends on □□□□□ .

こんなときに！ 友達からピクニックのお誘いが…

It depends on the weather.
（天気によるわね）

1 条件を述べるひとこと

depend は「〜によって決まる」という意味の単語で、It depends on... で「〜次第」という表現になります。It depends on you. と言えば「君次第だよ」と相手に任せる言い方に。It's up to you. も同じ意味です。

例 **It depends on the season.**
（日本の降水量を聞かれて）季節によります。

2 疑問詞を続けてバリエーションを広げる

on のあとに what / when / where / how を続ければ、会話の幅も広がります。

例 **It depends on how you think.**
（怒られてヘコんでいる友達に）とらえ方次第だよ。

例 **It depends on where you go.**
（おすすめのレストランを聞かれて）あなたが行く場所によるね。

3 It depends. だけで即答を避けるときの返事に

相手に何かをたずねられて、「それは状況次第でなんとも言えない」と返したいときは It depends. とだけ言えば伝わります。

例 **Can you go out tonight?** 今夜出かける？
→**It depends.** 状況次第かな。

郵 便 は が き

105-0003

切手を
お貼りください

（受取人）
東京都港区西新橋2-23-1
3東洋海事ビル
（株）アスコム

10年ぶりの英語なのに話せた!
あてはめて使うだけ
英語の超万能フレーズ78
読者　係

本書をお買いあげ頂き、誠にありがとうございました。お手数ですが、今後の
出版の参考のため各項目にご記入のうえ、弊社までご返送ください。

お名前	男・女	才
ご住所　〒		
Tel	E-mail	
この本の満足度は何％ですか?		％

今後、著者や新刊に関する情報、新企画へのアンケート、セミナーのご案内などを
郵送またはeメールにて送付させていただいてもよろしいでしょうか?
□はい　　□いいえ

返送いただいた方の中から**抽選で3名**の方に
図書カード3000円分をプレゼントさせていただきます。

当選の発表はプレゼント商品の発送をもって代えさせていただきます。
※ご記入いただいた個人情報はプレゼントの発送以外に利用することはありません。
※本書へのご意見・ご感想およびその要旨に関しては、本書の広告などに文面を掲載させていただく場合がございます。

●本書へのご意見・ご感想をお聞かせください。

ご協力ありがとうございました。

49

はわかりました。

I see ⬚ .

こんなときに！ 取引先の考えに反対だったが、納得してきた…

I see what you mean.
（おっしゃることはわかりました）

1 状況に納得したときに

see は「見る」のほかにも「理解する」という意味があるので、**I see...** は「〜を理解する」「〜に納得した」というときに用いるフレーズになります。

例 **I see now.**（解けなかった問題を教えてもらって）なるほど、わかった。

2 I see. はあいづちの鉄板フレーズ

先述したように **see** には「わかる」という意味があるので、**I see.** で「わかりました」という表現になります。相手の話を聞いていますよ、という意思表示のあいづちとして、日常的にとてもよく使われます。

3 否定形で「納得できない」

I can't see... は、起きたことに対して「理解できない」「納得できない」という意味で使います。

例 **I can't see why the teacher was mad at me.**
（何もしていないのに先生に怒られた）なんで先生が僕に怒ったのかわからないよ。

50

□□□□ をわかっているでしょう。

You know □□□□ .

こんなときに！ 会話中に言いたいことが出てこず…

> **You know what I mean.**
> （言いたいことはわかるでしょ）

1 「わかってるでしょ」と気持ちを共有

You know... はそのあとに続く事柄について、相手もちゃんと「知っているよね」「わかってるよね」と念押しするニュアンスで使います。

You know it. は「まったくだね」とお互い周知の事実について話すときに。

例 **Today is too humid.** 今日はめっちゃ、むしむしするね。

→**You know it.** まったくだね。

2 会話のつなぎの you know

実際にネイティブと会話していると、よく **you know** というフレーズを口にしているのに気づくと思います。これは特に深い意味はなく、「でさ」「だよね」「ほら」と、口グセのような感じで使っている言葉です。

例 **I don't have any money, you know.**

（今日どこかへ行こうと誘われて）ほら、俺金欠でさ。

3 You know+人はその人に呆れたときに

You know のあとに人の名前をあてはめると 「〜ってそんなやつなのよ」「知ってるでしょ」と、ちょっと呆れ気味に言うフレーズになります。

例 **Was he late again?** またあいつ遅刻したの？

→**You know John.** ジョンってそんなやつよ。

51

はお気になさらずに。

Don't bother [   ].

こんなときに！ ホテルの従業員が掃除に来たので…

Don't bother to clean my room.
（掃除はしなくて大丈夫です）

1　相手の手を煩わせたくないときに

bother は「悩ませる」の他にも「面倒をかける」という意味があります。
Don't bother... で「〜は気にしないでください」というフレーズになります。
Don't bother to... だと「わざわざ〜しないでいいですよ」という意味に。

例 **Don't bother to wait for me.**
（みんなで飲み会に出かけるのに残業になってしまった）わざわざ待ってなくていいからね。

例 **Don't bother to reply to this email.**
（お礼メールの最後に）お返事はなくて大丈夫です。

2　Don't bother. は手助けをやんわり断る

Don't bother. ひとことだけだと、「気にしないで」と相手の手助けの申し出などをやんわり断る言い方になります。**Would you like me to carry your bag?**（バッグを持ちましょうか？）→ **Don't bother.**（気にしなくて大丈夫です）のように使います。

また、**bother someone** だと「〜の邪魔をする」という意味になるので、**Don't bother me.** は「邪魔しないで」と、何かに集中したいときに言うフレーズになります。

52

で大丈夫です。

It's OK _____ .

こんなときに！ レストランの会計中に友達が財布を出したので…

It's OK to pay later.
（あとでいいよ）

1 「〜でかまわない」と許容するフレーズ

OK は「問題ない」という意味なので、It's OK... は「〜でかまわないよ」と許容するときの表現になります。It's OK to... は「〜してもかまいません」と相手の行動を許す言い方です。

例 **It's OK to cry.**（失恋して涙をこらえる友達に）泣いてもいいんだよ。

例 **It's OK to use your dictionary during the test.**
（試験の開始前に）テスト中、辞書を使ってもいいですよ。

2 with＋人のパターン

It's OK with＋人だと「〜はそれでかまいません」と相手の提案に対して快諾するときのひとことになります。

例 **How about going to an Italian restaurant tonight?**
今晩イタリアンに行くのはどう？
→**It's OK with me!** 僕はOKだよ！

3 It's OK. は謝罪への返答

It's OK. は「気にしないで」という意味で、相手の謝罪を受け入れるひとことです。道でぶつかられて **I'm terribly sorry.**（本当にすみません）→ **It's OK.**（気にしないで）といった具合に。

Let's practice!

1　>> ついにスマホを買い替えることに…

新しいスマホを買う予定なんだ。

(　　　) (　　　) to buy a new smartphone.

HINT　>> スマホはすでに予約してある状態

2　>> 悪気はなかったけど、相手の言い分を聞いて反省…

怒るのも納得です、すみませんでした。

(　　　) (　　　) that you're upset, and I'm sorry.

3　>> 面接で得意なことを聞かれて…

3ヶ国語話せます。

I (　　　) (　　　) three languages.

4　>> ホームパーティーで作ったスイーツが余ってしまった…

よければ持ち帰ってね。

(　　　) can take them home if you (　　　) to.

5　>> 何度見てもおかしい変顔写真…

これを見るとどうしても笑っちゃうよね。

I (　　　) (　　　) laughing when I look at this picture.

HINT　>> 笑うことを自分ではどうすることもできない

6　>> みんなで出かける予定だが、1人からまだ返事がこない…

彼女次第だね。

It (　　　) (　　　) her.

1 (I'm) (going) to buy a new smartphone.

新しいスマホを買う予定なんだ。 → P108

I'm going to... は「〜するつもりです」と事前に予定が決まっているニュアンスのひとことです。I'm going to buy... で「〜を買う予定」。buy の代わりに get でもOKです。

2 (I) (see) that you're upset, and I'm sorry.

怒るのも納得です、すみませんでした。 → P113

I see... で「〜は理解できた」という意味で、相手の言い分などを聞いて、「納得できた」というニュアンスになります。upset は「動揺する」「気分を害する」。

3 I (can) (speak) three languages.

3ヶ国語話せます。 → P104

can は「可能」なことを表す言葉です。I can speak... で、「〜を話せます」という意味に。何ヶ国語も話せる場合は、I can speak+(話せる言語の数)+languages. と表現します。

4 (You) can take them home if you (want) to.

よければ持ち帰ってね。 → P110

if you want は「もしよかったら〜」「よければ〜」といった前向きな提案になります。相手に判断をゆだねるソフトな印象の言い回しです。

5 I (can't) (help) laughing when I look at this picture.

これを見るとどうしても笑っちゃうよね。 → P105

can't help ...ing は「〜せずにはいられない」という意味。自分の意思に反してしてしまう行動を表します。

6 It (depends) (on) her.

彼女次第だね。 → P112

It depends on... で「〜次第」という意味になります。It's up to... も同様の表現なので、両方覚えておきましょう。

Let's practice!

7 ▶▶ バイト初日の後輩に…

助けを求めてくれていいからね。

It's (　　　) (　　　) ask for help.

8 ▶▶ 海外旅行の待ち合わせについて友達と相談中…

3時には空港に着いているつもりだよ。

I'm (　　　) (　　　) be at the airport by 3:00.

HINT ▶▶ 「空港に着くことになっている」というニュアンス

9 ▶▶ 同僚がペンを忘れて困っているみたい…

よければ私のペン使ってね。

You (　　　) use my pen if you (　　　) to.

10 ▶▶ 友達と食事をしていて遅くなった…

家まで送ってあげるよ。

(　　　) (　　　) drive you home.

HINT ▶▶ 「家まで送ることができる」が直訳

11 ▶▶ 明日提出の宿題が終わりそうにない…

宿題を手伝ってもらえないでしょうか?

I (　　　) if you (　　　) help with my homework.

HINT ▶▶ 丁寧なお願い表現

12 ▶▶ 友達が条件のいい会社を辞めようとしている…

僕が君なら辞めないな。

I (　　　) quit if I (　　　) you.

HINT ▶▶ 「自分がもし相手だったらそうしない」が直訳

7 **It's (OK) (to) ask for help.**

助けを求めてくれていいからね。
→ P116

It's OK to... で「〜してもかまいません」と相手の行動を許す言い方になります。**ask for help** で「助けを求める」。反対に「かまわないですか?」は **Is it OK to...?** になります。

8 **I'm (supposed) (to) be at the airport by 3:00.**

3時には空港に着いているつもりだよ。
→ P109

I'm supposed to... は「〜することになっている」と、なんらかの目的や理由があって、そうなる予定だというニュアンスです。「〜なはず」を意味する **I should...** を使うこともあります。

9 **You (can) use my pen if you (want) to.**

よければ私のペン使ってね。
→ P110

You can... は「〜できる」ですが、日常会話では「〜していいよ」と気軽に相手に提案するフレーズです。

10 **(I) (can) drive you home.**

家まで送ってあげるよ。
→ P104

I can... は「〜できる」ですが、相手にしてあげたいことを「〜するよ」と提案するニュアンスで使います。**drive someone home** で「〜を家まで送る」になります。

11 **I (wonder) if you (could) help with my homework.**

宿題を手伝ってもらえないでしょうか?
→ P106

I wonder if you could... は「〜していただけないかしら?」という丁寧なお願いフレーズになります。**I was wondering if you could...** も同様の表現です。

12 **I (wouldn't) quit if I (were) you.**

僕が君なら辞めないな。
→ P107

I wouldn't... は「私なら〜しません」と自分の乗り気じゃない気持ちを表します。**if I were you**「私があなたなら」はよく使うフレーズなので覚えておきましょう。

Let's practice!

13 >> 会話中、ど忘れして言葉が出てこない。えーと…

私の言っていること、わかるでしょ。

You (　　　) (　　　) I mean.

> HINT >> 「私の意味することはわかるでしょ?」が直訳

14 >> 苦労した母親が、再婚して幸せそう…

母は今幸せそうです。

My mom (　　　) (　　　) now.

> HINT >> 「自分からは幸せそうに見える」というイメージで

15 >> 仲の良かった友達夫婦が離婚したと聞いて…

なんで2人は離婚しちゃったんだろう。

I (　　　) (　　　) they broke up.

> HINT >> 「不思議なことに離婚してしまった」の意味

16 >> お節介な母親が手伝いを申し出てくれるが…

自分でできるよ。

I (　　　) (　　　) it by myself.

17 >> 来週からいよいよ連休がスタート…

来週京都に行く予定です。

I'm (　　　) (　　　) go to Kyoto next week.

> HINT >> すでに決まっている予定について

18 >> 根詰めて働いている部下に…

休憩を取ってもいいんだよ。

It's (　　　) (　　　) take a break.

13 You (know) (what) I mean.

私の言っていること、わかるでしょ。　　　　→ P114

You know what I mean. は「何が言いたいかわかるでしょ?」というニュアンスの決まり文句です。「ユノゥワライミーン?」のように発音します。

14 My mom (seems) (happy) now.

母は今幸せそうです。　　　　→ P111

It seems... は見た感じの、It sounds... は聞いた感じの印象を述べるフレーズです。主語を人にして人+seems... で「(人) は〜のようだ」と誰かの雰囲気や状態の感想を伝えます。

15 I (wonder) (why) they broke up.

なんで2人は離婚しちゃったんだろう。　　　　→ P106

I wonder... で「〜かなぁ」と不思議だったり疑問に思うことに対して使います。I wonder why... は「なぜ〜なのかな」と理由がわからないときのひとこと。

16 I (can) (do) it by myself.

自分でできるよ。　　　　→ P104

I can do... は「〜ができる」、by myself は「自分自身で」なので、I can do it by myself. で「それくらい自分でできるよ」のようなニュアンスで使います。

17 I'm (going) (to) go to Kyoto next week.

来週京都に行く予定です。　　　　→ P108

be going to... で「〜するつもりである」という意味で、あらかじめ決まっていた予定を伝えるひとこと。to のあとには動詞の原形が続きます。I'm going to Kyoto. だと今から出発するニュアンスになります。

18 It's (OK) (to) take a break.

休憩を取ってもいいんだよ。　　　　→ P116

OK は「問題ない」なので、It's OK... で「〜でかまわないよ」と許容するときの表現になります。It's OK to... は「〜してもかまいません」と相手の行動を許す言い方です。

Let's practice!

19 ▶▶ みんなで待ち合わせをしていたが、自分だけ遅れてしまった…

すぐに行くから待ってなくていいよ。

(　　)(　　) to wait, I'll be there soon.

HINT　待たせること＝面倒をかける

20 ▶▶ 遊びに来る予定だった友達から日程変更のお願い…

それでいいよ。

It's (　　) (　　) us.

HINT　「私たちはそれでかまいません」というニュアンス

21 ▶▶ 誕生日会に呼ばれて…

アリスの誕生日会で何を着ようかなぁ。

I (　　)(　　) I should wear to Alice's birthday party.

22 ▶▶ クラスで隣の席に座った子に一目惚れ…

彼女のことばかり考えてしまうんだ。

I (　　) help (　　) about her.

HINT　彼女のことを考えるのをやめられないというイメージ

23 ▶▶ 知り合いが飲み会に遅れてやってきた…

よかったらここに座ったら？

You (　　) sit here (　　) you want to.

HINT　そうしたいなら、ここに座れるというイメージです

24 ▶▶ ドラマの撮影場所になったカフェに行列が…

どうやら混んでるみたいだね。

(　　) (　　) to be crowded.

4章 状況を説明する

19 (Don't) (bother) to wait, I'll be there soon.

すぐに行くから待ってなくていいよ。 → P115

bother は「悩ませる」の他にも「面倒をかける」という意味があります。**Don't bother to...** で「〜は気にしないでください」という意味になり、何かを遠慮するときに使います。

20 It's (OK) (with) us.

それでいいよ。 → P116

It's OK. は「いいよ」と相手の行動を許すひとこと。It's OK with +人で「〜はそれでかまいませんよ」という言い方になります。

21 I (wonder) (what) I should wear to Alice's birthday party.

アリスの誕生日会で何を着ようかなぁ。 → P106

「〜かなぁ」と疑問を伝えるフレーズ I wonder に疑問詞 what を組み合わせたパターン。what のあとは〈主語＋動詞〉の順番になります。

22 I (can't) help (thinking) about her.

彼女のことばかり考えてしまうんだ。 → P105

help には「避ける」「制する」という意味があるので、**can't help ...ing** で「〜するのを抑えられない」。つまり、どうしても〜してしまう、ということを表します。

23 You (can) sit here (if) you want to.

よかったらここに座ったら？ → P110

You can...if you want to. は「よかったら〜していいよ」と相手にすすめるフレーズです。want to の代わりに like でもOKです。

24 (It) (seems) to be crowded.

どうやら混んでるみたいだね。 → P111

It seems... は自分が何かを見て、「〜みたいだね」とその印象を述べるひとことです。自分の思ったことを断定せずに伝えられる言い方です。

Let's practice!

25 ▶▶ 早口でしゃべってしまったので…

私の言っていることわかる?

Do ( ) ( ) what I'm saying?

26 ▶▶ プロジェクトは順調に進んでいるとの報告を受けて…

すべて順調に進んでいるようだね。

It ( ) like everything is going ( ).

27 ▶▶ 友達カップルにバッタリ、予定を聞くと…

私たちは今夜映画を見に行く予定なんだ。

( ) ( ) to see a movie tonight.

HINT ▷▷ 主語に注意

28 ▶▶ 友達とショールームでインテリアの配置を見て…

私だったらそこに置かないわ。

I ( ) ( ) it there.

29 ▶▶ 親友にひどいことを言ってしまった…

仕方がなかったんだ。

I ( ) ( ) it.

HINT ▷▷ 過去についての話

30 ▶▶ 部下たちの説明を聞いて…

どうしてその結論にたどり着いたのか理解できません。

I ( ) ( ) how you arrived at that conclusion.

4
章

状況を説明する

25 Do (you) (know) what I'm saying?

私の言ってることわかる? → P114

「私の言っていることわかりますか?」という意味の、確認のひとことになります。くだけた言い方で、**You know what I'm saying?** とも言います。

26 It (seems) like everything is going (well).

すべて順調に進んでいるようだね。 → P111

It looks like... も同じく「〜らしい」という意味ですが、**It seems like...** は一定期間観察した結果「そう思う」「そんな感じがする」という意味で使います。

27 (We're) (going) to see a movie tonight.

私たちは今夜映画を見に行く予定なんだ。 → P108

be going to... で「〜する予定だ」という意味です。2人以上の予定を話すときは **We're going to...** となります。

28 I (wouldn't) (put) it there.

私だったらそこに置かないわ。 → P107

I wouldn't... は「私なら〜しないな」と乗り気じゃない行動を表します。もし自分がその立場ならそういうことはしないだろう、というニュアンスです。

29 I (couldn't) (help) it.

仕方がなかったんだ。 → P105

could は can の過去形で I couldn't help it. で「自分ではどうすることもできなかった」という意味になります。

30 I (can't) (see) how you arrived at that conclusion.

どうしてその結論にたどり着いたのか理解できません。 → P113

I see...（わかりました）の否定形、I can't see... で「理解できない」という意味に。

Let's practice!

31 ▶▶ 今日の予定を聞かれて…

あとで友達に会う予定だよ。

I'm (　　　) (　　　) meet friends later.

32 ▶▶ 友達に気になる人からのメッセージの意味を相談されて…

それは自分の感じ方次第だよね。

It (　　　) on (　　　) you feel.

33 ▶▶ 遅刻が続いて先生に呼び出されてしまった…

放課後先生と話すことになっているんだ。

(　　　) supposed (　　　) talk to the teacher
after school.

HINT ≫ あまり気乗りしていない約束ごとについて話している

34 ▶▶ なんだか車の調子が悪い…

車がスムーズに走らないんだ。

The (　　　) (　　　) run smoothly.

HINT ≫ 「車がスムーズに走ろうとしない」のように考えて

35 ▶▶ マリアがまたドタキャンしたと聞いて…

それがマリアって人なのよ。

You (　　　) Maria.

HINT ≫ 「マリアがどんな人かご存じでしょう?」と言うイメージ

36 ▶▶ 弟が姉の勉強を邪魔しそうになったので…

お姉ちゃんの邪魔しないで。

(　　　) (　　　) your sister.

4
章

状
況
を
説
明
す
る

31 I'm (going) (to) meet friends later.

あとで友達に会う予定だよ。　→ P108

I'm going to... で「〜するつもりです」とすでに計画済みの予定を話すときの表現になります。meet friends で「友達に会う」。

32 It (depends) on (how) you feel.

それは自分の感じ方次第だよね。　→ P112

It depends on... で「それは〜による、それは〜によって変わる」の意味です。how を続けると「どのように〜するかによります」という意味になります。

33 (I'm) supposed (to) talk to the teacher after school.

放課後先生と話すことになっているんだ。　→ P109

supposed to... は「〜することになっている」の意味で、義務的な気持ちが含まれる場合に使われます。シチュエーションにもよりますが、あまり楽しみではないニュアンスです。

34 The (car) (wouldn't) run smoothly.

車がスムーズに走らないんだ。　→ P107

would は「意思」を表しますが、車のようなモノ（無生物）にも使うことができます。run smoothly で「順調に走る」「サクサク動く」のように、車や機械などが調子良く作動していることを表します。

35 You (know) Maria.

それがマリアって人なのよ。　→ P114

You know... で「〜を知っているでしょう」という意味で、後ろに人の名前をあてはめると「どんな人だか知っているでしょう」と呆れている気持ちを込めて使えます。

36 (Don't) (bother) your sister.

お姉ちゃんの邪魔しないで。　→ P115

bother は「〜の邪魔をする」「〜の手を煩わせる」という意味なので、Don't bother... で「〜の邪魔をしないで」という表現になります。邪魔をしようとする人、している人に忠告するときに。

Let's practice!

37 ▶▶ 忘れ物を届けに来るという友達に…

わざわざ家まで来なくて大丈夫だよ。

Don't (　　　) (　　　) come to my house.

38 ▶▶ 取引先からの提案を受けて…

おっしゃることはわかります。

(　　　) (　　　) what you mean.

> HINT ▶▶ 「あなたが意味していることは理解した」が直訳

39 ▶▶ 禁煙の注意書きがある場所で友達がタバコを取り出したので…

ここではタバコは吸えないことになっているよ。

You're (　　　) (　　　) to smoke here.

40 ▶▶ 最近急に仲良くなった2人を見て…

あいつら付き合ってるな。わかるよ。

They're dating. I (　　　) (　　　).

> HINT ▶▶ 「言うことができる」が直訳

41 ▶▶ 自撮りをしている友達に…

よければ僕が写真撮るよ。

I (　　　) take a picture of you (　　　) you want.

42 ▶▶ 生徒から試験に合格できそうか聞かれて…

それは君の努力次第だよね。

It (　　　) (　　　) your hard work.

4章　状況を説明する

37 Don't (bother) (to) come to my house.

わざわざ家まで来なくて大丈夫だよ。　→ P115

Don't bother to... だと「わざわざ〜しないでいいですよ」という意味になり、相手の提案を
やんわり断るニュアンスになります。

38 (I) (see) what you mean.

おっしゃることはわかります。　→ P113

see は「見る」の他にも「理解する」という意味があるので、I see... で「〜を理解する」。
mean は「意味すること」＝言いたいこととなり、相手に同感を示すひとことになります。
I see what you're saying. も同様の表現です。

39 You're (not) (supposed) to smoke here.

ここではタバコは吸えないことになっているよ。　→ P109

You're not supposed to... で「やめておいたほうがいいよ」という意味で、ルールなどで禁
止されていることをやんわり伝えるときに使えます。

40 They're dating. I (can) (tell).

あいつら付き合ってるな。わかるよ。　→ P104

I can tell. は「言うことができる」が直訳ですが、tell には「わかる」という意味もあるので、
I can tell. で「わかるんだよね」と自信を持って言えるときに使います。ここでの date は「付
き合う」の意味。

41 I (can) take a picture of you (if) you want.

よければ僕が写真を撮るよ。　→ P110

相手への提案ではなく、自分から何かを申し出るときには、I can... if you want. で「よけれ
ば〜しますよ」とこちらが何かをしてあげたいときにソフトに申し出るニュアンスになります。

42 It (depends) (on) your hard work.

それは君の努力次第だよね。　→ P112

hard work で「努力」という意味です。It depends on how hard you work. と言っても
OKです。

130

canとcould、
実現の可能性が高いのはどっち?

　I can... は「〜することができる」(現在)、I could... は「〜することができた」(過去)という意味ですが、未来について話すときは、可能性の度合いによってどちらかを使いわけます。

＊実現の可能性が高い

The movie theater can be crowded.

(週末だから)映画館は混みそうだね。

＊実現の可能性がやや低い

The movie theater could be crowded.

(根拠はないけどなんとなく)映画館は混むかもしれないね。

　例をもうひとつ見てみましょう。

＊会うつもりがある印象

We can talk about this in person.

この件について直接話せますよ。　　＊in person 直接

＊必要があるなら会ってもいいという印象

We could talk about this in person.

この件について直接話すこともできますが…

　少しイメージがつかめたでしょうか。　誰かに何かを頼まれたときの返事も、I can! なら「できますよ!」、I could. だと「やってもいいけど…」というニュアンスになります。もちろんどちらを使っても大間違いということではないのですが、**can** と **could** の微妙なニュアンスを使いわけられると、正確に意図が伝わりますね。

5章

気持ち
を伝える

思い切って気持ちを伝えたのに、表現が
悪いためにうまく伝わらなかったら、とっ
ても切ないですよね。同じ意味の言葉で
も、状況や相手によってさまざまな言い
方があります。表現のコツをつかんで、
微妙なニュアンスの使いわけができるよ
うに練習しましょう！

53

すればよかった。

I should have □□□□□□□ .

こんなときに！ 自分が帰ったあとに会が盛り上がったと聞いて…

I should have stayed.
（残っていればよかったな）

1 しなかったことへの後悔

I should have... は「〜すればよかった」という意味で、そうしなかったことへの後悔を表すフレーズです。**should have** のあとには過去分詞が続きます。**I should have studied harder.**（もっと勉強しておくべきだった）と言えば、勉強すべきだったのに「しなかった」今の状態を悔やむニュアンスに。

例 **I should have said something.**
（ひとことも発言せずに会議が終了）何か言えばよかったな。

2 否定形で「〜しなければよかった」

I shouldn't have... と否定形にすると、反対に「〜しなきゃよかった」と自分がしてしまったことへの後悔の気持ちを表します。

例 **I shouldn't have done that.**
（無駄づかいをして貯金がなくなりそう）あんなことするんじゃなかった。

▶ He **should have** taken her advice.（彼は彼女の忠告を聞いておくべきだった…）

過去　　　　　　　　　　　　　現在

彼女のアドバイスに耳を傾けなかった結果→　　　取り返しのつかないことになってしまった！

54

□□□□□ だったらいいのになぁ。

I wish □□□□□ .

こんなときに！ カラオケに誘われたけど、あいにく用事が…

> ## I wish I could.
> （行けたらよかったんだけど）

1 願望は過去形、過去の後悔は過去完了形を続ける

wish は「願う」という意味なので、I wish... で「〜だったらいいな」と希望を語るフレーズになります。

叶う望みが薄い願望を語るときには、I wish I could.（行けたらよかったんだけど）と wish のあとを過去形に、過去を振り返って悔やむようなときには I wish I had studied harder.（もっと勉強しとけばよかった）と過去完了形にします。

例 I wish that were true.

（宝くじが当たった夢を見て）本当だったらよかったんだけどね。

2 I wish you... で激励のひとことに

wish のあとに you を続けると、「〜だといいね」と相手を励ましたり、お祝いを伝えたりするときのフレーズになります。

例 I wish you a happy birthday.

（メッセージカードに）お誕生日おめでとう。

3 Wish me luck! は応援してほしいときの決まり文句

Wish me luck! は試験の本番を控えたときなどに「うまくいくように祈っててね！」という意味で使う定番フレーズです。

55

□□□□□ だといいですね。

I hope □□□□□ .

こんなときに！ ▶ 財布をなくしてしまい、「見つかるよ」となぐさめられて…

I hope so.
（そうだといいんだけどな）

1 wish と hope の違いは？

hope は「〜だといいな」という意味で、自分の希望を伝えるフレーズです。現実離れした願望にも使う wish に比べて、hope は実現性がより高い願いごとに対して使います。**I hope to see you soon.**（またすぐに会いたいな）は実現させたいという気持ちを込めて、よく使うフレーズです。

例 **I hope you like it .**（友達にプレゼント）気に入ってくれるといいな。

「鳥になりたいなぁ」
（空想の願望）

「鳥を飼えたらいいな」
（現実的な希望）

2 I hope. だけで「そう願うよ」という返事に

I hope. は相手の発言を受けて「だといいんだけどね」「そう願うよ」というニュアンスです。そうなってほしいな、というこちらの願望を伝えられます。反対に、相手の発言に「そうじゃないことを願う」ときは **I hope not.** になります。どちらもよく使うので、覚えておきましょう。

56

でごめんなさい。

I'm sorry [   ].

こんなときに! 友達との待ち合わせに遅刻…

I'm sorry for being late.
（遅れてごめんね）

1 I'm sorry for... と I'm sorry to... の違いは?

I'm sorry. は謝るときの定番フレーズ。**I'm sorry for...** で「〜でごめんなさい」とすでに起こったことに対して具体的に謝るときに使います。
また、**I'm sorry to...** だとこれから迷惑かけることへの謝罪になります。

例 **I'm sorry for calling you late.**
（夜遅くに連絡してしまった）遅くに電話してごめんね。

例 **I'm sorry to bother you.**
（会議中の上司に急ぎの電話が）ちょっといいですか。
*「お邪魔しちゃってすみません」のニュアンス

2 apologize はよりフォーマルな表現

謝罪の表現にもうひとつ **I apologize...** という言い方があります。こちらはよりフォーマルで、ビジネスシーンでよく使われる表現になります。

例 **I apologize for any inconvenience.**
（取引先に謝罪）ご迷惑をおかけして申し訳ございません。

3 「お気の毒に」という意味もある

I'm sorry. を活用して、不幸な目にあった人に、**I'm sorry to hear that.**
（お気の毒に）と同情の気持ちを込めて伝えることもできます。

5
章

気
持
ち
を
伝
え
る

57

しようとしています。

I'm trying to [   ].

I'm trying to lose weight.
（体重を減らしたいのです）

1   自分が頑張っていることを伝える

try は「試す」という意味なので、**I'm trying to...** は「〜しようとしています」と今取り組んでいることや、頑張っている最中のことを伝える表現です。

例 **I'm trying to save money.**
（旅行のために節約中なので飲み会を断り）貯金をしようとしてるんだ。

例 **I'm trying to help.**
（母の料理を手伝おうとしたら追い払われて）手伝おうと思ったのに。

2   邪魔してほしくないとき

何かに取りかかっている最中に邪魔されたとき、「〜しようとしているから邪魔しないで」という意味を込めて使うこともあります。

例 **I'm trying to study!**
（勉強に集中していたら弟が茶々を入れてきた）勉強しようとしてるんだから邪魔しないで！

3   否定形でもよく使うフレーズ

I'm trying not to... と否定形にすると「〜しないようにしている」という意味になります。何かしすぎないようにあえて避けていることに使います。

例 **I'm trying not to eat too much.** 食べすぎないようにしてる。

58

□□□□□ をありがとうございます。

Thanks for □□□□□ .

こんなときに！ 今日で会社を去ることに。お世話になった人へ…

Thanks for all your help.
（いろいろお世話になりました）

1 感謝の気持ちがストレートに伝わる

Thanks. は **Thank you.** をカジュアルにした形ですが、フレンドリーで親しみのあるお礼表現です。ちょっとしたお礼に **Thanks.** がよく使われます。**Thanks for...** は 「〜をありがとうございます」と具体的に述べるときに使います。**for** のあとには名詞（動名詞）をあてはめます。

例 **Thanks for the heads-up!**

（仕事の変更点を教えてもらって）お知らせありがとう！

*heads-up 注意喚起

2 Thanks to... も覚えよう

Thanks to... は 「〜のおかげで」と、誰かのサポートなどのおかげでうまくいったときに使います。日本語での「誰かさんのおかげで怒られました」のように皮肉で使うことも。

例 **Thanks to you, we succeeded!**

（同僚のおかげで商談が大成功）あなたのおかげでうまくいきました！

3 感謝の表現は豊かに

ネイティブは何かにつけて「ありがとう」と感謝の気持ちをきちんと言葉にします。**Thank you so much. / Many thanks! / Thanks a lot.** などなど、いろいろなバリエーションがあるとコミュニケーションもスムーズに！

5章

気持ちを伝える

59

しなければなりません。

I have to ▢ .

こんなときに！ ▶ レポートの提出期限が迫っています…

I have to do it.
（やるしかないんだ）

1　せざるを得ない義務を表す

I have to... は「〜しなければならない」という意味で、自分の「義務」を表します。外部からの影響によって「〜せざるを得ない」というニュアンスになります。

例 **I have to go.**（友人宅にお邪魔して気づくと遅い時間）もう帰らなきゃ。

2　need to / have to / must の違いは?

have to が外部からの影響で「せざるを得ない義務」を表すのに対し、**need to** は具体的に何らかの目的があって「する必要がある」と言うイメージです。**must** は自分の強い意志があって、「なんとしてもそれをやらねばならない！」と言いたいときに使います。

絶対的な基準ではなく、人によって「私ならこっちを使う」などばらつきはありますが、自分の中で使いわけられると迷わなくていいですね。

来週の合コン（具体的な目的）の前にダイエットしなくちゃ

健康診断の結果（外部の影響）、やせないといけない

結婚相手を見つけるためやせなければ！（強い決意）

60

したい気分です。

I feel like ⬚ ing.

こんなときに！ 飲みすぎたので、少し外の空気を吸いに…

I feel like going for a walk.
（ちょっと歩きたい気分だな）

1 軽い希望を伝えるときに

feel like ...ing で 「〜したいな」と、思いつきで自分がしたいことなどを述べるときのフレーズです。「何が何でも！」というよりも、「どちらかというと」といった軽いニュアンスです。
リクエストを聞かれて、遠慮がちに自分の希望を伝えるときなどに便利な表現です。

例 **I feel like going on a trip.**
（休みの予定を聞かれて）旅行に行きたい気分だな。

例 **I feel like trying a new restaurant.**
（どこのお店に行くか相談中）新しいレストランに行ってみたいな。

2 feel like+名詞で 「〜が食べたい気分」

ing なしで **feel like...** だけだと、そのあとに食べ物を続ければ「〜が食べたい（飲みたい）気分」という意味に。**I feel like beer!** で 「ビール飲みたい気分！」となります。食べ物以外に **I feel like a nap.**（昼寝の気分）など、自分が今したいことの名詞をあてはめてもOK。

例 **I feel like Italian.**（夕食に何を食べるか相談中）イタリアンの気分。

例 **I feel like a movie.**
（友達と出かけるのに何がしたいかを聞かれて）映画って気分だな。

61

[   ] に賛成です。

I agree with [   ].

こんなときに！ トラブルの解決策を話し合っていて…

> **I agree with you.**
> （あなたに賛成です）

---

1 賛成の気持ちを表す

agree は「賛成する」という意味なので、I agree with... で「～に賛成です」というフレーズになります。話し合いなどで、誰かの意見や考え方に賛成するときに使います。

with のあとには人だけでなく、I agree with the plan.（その計画に賛成です）のように事柄をあてはめても使えます。

例 **I agree with Ken.**
（誰の意見に賛成かを聞かれて）私はケンに賛成です。

例 **I agree with your opinion.**
（会議で他の人の意見を聞いて）あなたの意見に賛成です。

---

2 賛成です！ と強調して言うとき

単に「賛成する」だけではなく、「大賛成！」と言いたいときは **completely** などを使って強調することができます。

例 **I agree with you completely.**
I totally agree with you.
I agree with you one hundred percent.
※以上3つとも（相手の素晴らしい意見を聞いて）あなたに大賛成です。

62

で感激です。

It's great to [____].

It's great to see you again.
（またお会いできて感激です）

1 感激したときのひとこと

great は「素晴らしい」という意味なので、**It's great to...** で「〜で感激です」「〜でうれしいです」と、何かができたことに対して感激している気持ちを表します。

例 **It's great to be here.**
（お祝いのパーティーに呼ばれて）ここに来られてうれしいです。

例 **It's great to hear from you.**
（久々の友達から連絡をもらって）連絡をもらってうれしいです。

2 Great! は相手をほめるときに

great は誰かをほめるときの万能単語です。**It's great. / That's great.** は相手のいいニュースを聞いて思わず「最高だね！」「よかったじゃない！」という感じで使います。

Great! だけでもあいづちとしてよく使います。相手と喜びを共有するひとことになります。他にも、**It's great news.**（素晴らしい知らせです）、**Smells great!**（いい匂い！）などの表現があります。

例 **I got accepted to university!** 大学に受かったよ！
→**Great!** よかったね！

5章 気持ちを伝える

63

$\boxed{}$ と確信しています。

I'm sure $\boxed{}$.

こんなときに！ 友達がほしがっていたものをプレゼント…

> **I'm sure you'll like it.**
> （きっと気に入るよ）

1 自分の中で確信していることを伝える

sure は「確信している」「自信がある」という意味で、I'm sure... で sure 以下のこと関して 「確信しています」「〜に違いない」といったニュアンスで使われます。I'm sure のあとは 主語+動詞の順で文章が続きます。

例 **I'm sure it'll work out.**
（プロジェクトが成功するか聞かれて）きっとうまくいきます。
*work out うまくいく

例 **I'm sure he'll be here soon.**
（待ち合わせ時間まであと少しだけど）彼はきっとすぐに来るよ。

2 I'm sure I... で疑いを晴らす

I'm sure I... だと 「私は確かに〜した」という意味になります。誰かに疑われたときに「違うよ」と念を押すようなイメージで使います。例えば、鍵が開けっぱなしになっていたとき、I'm sure I locked the door. と言えば「（私は）確かにドアに鍵をかけました」という意味になります。

例 **I'm sure I turned off the stove.**
（母親にストーブをつけっぱなしにしていないか疑われて）確かにストーブは消したよ。

64

［＿＿＿＿＿］が待ちきれません。

I can't wait ［＿＿＿＿＿］.

こんなときに！ いよいよ来週から夏休み…

I can't wait for summer vacation!
（夏休みが待ちきれない！）

1 ワクワク感を伝える

I can't wait. は「待ちきれない」という意味です。これからやってくるイベントなどを楽しみに、ワクワクしている気持ちを伝える表現です。
I can't wait for ＋（名詞）で「〜が楽しみ」、I can't wait to ＋（動詞）で「〜するのが楽しみ」という意味になります。

例 **I can't wait to see you.**
（彼と週末デートの約束をした）あなたに会えるのが楽しみ。

例 **I can't wait for the concert!**
（大好きなアーティストの来日が決定）ライブが楽しみ！

2 Can't wait! だけで「楽しみだね！」

友達と楽しみな予定について話していて、「楽しみだね！」というとき、よく I を省略して Can't wait! と言います。
I'm so excited!（すごくワクワクする！）なども同じニュアンスで使われます。

例 **The graduation trip finally starts tomorrow!**
いよいよ明日から卒業旅行だね！
→**Yeah, can't wait!** うん、楽しみだね！

5章

気持ちを伝える

65

□□□□ にうんざりです。

I'm tired of □□□□ .

こんなときに！ 友達が待ち合わせになかなか来ない…

I'm tired of waiting.
（もう待ちくたびれたよ）

1 「もう付き合えない」という気持ちを表す

I'm tired は「疲れた」という意味ですが、**I'm tired of...** で「〜にはもう付き合えない」「〜にはうんざりだ」という意味になります。繰り返し行われたことに対して疲れた＝もうたくさん、というニュアンスです。

単に「〜で疲れた」と疲れた理由を述べるときは **I'm tired from...** で表現します。**I'm tired from my work.** と言えば、「私は仕事で疲れている」という意味になります。

例 **I'm tired of you.**
（夫がいつものように酔っ払ってご帰宅）あなたにはもううんざりだわ。

例 **I'm tired of waiting for her.**
（思わせぶりな彼女に振り回され続けて）彼女を待つのはもうたくさんだ。

2 心底愛想が尽きたと強調するときのフレーズ

I'm tired of... をさらに強調した表現が **I'm sick and tired of...** という言い方です。**I'm sick of...** も同じく「〜にうんざり」という意味なので、2つダブルで使って「愛想が尽きた」というニュアンスで使います。

例 **I'm sick and tired of her lies.**
（いつも嘘ばかりつくので）もう彼女の嘘には本当にうんざりだ。

Let's practice!

1 >> 動画編集のスクールに通うことになり…

新しいスキルを学ぼうとしているんだ。

(   ) (   ) to learn a new skill.

2 >> 海外の友達が結婚式に駆けつけてくれた…

ここに来てくれて感激です。

(   ) (   ) to have you here.

3 >> 今週飲みに行かないかと誘われたけど…

週末までにこのレポートを終わらせなければいけない。

I (   ) (   ) finish this report by the end of the week.

4 >> 納品が少し遅くなってしまった…

遅れてしまって申し訳ございません。

I'm (   ) (   ) the delay.

5 >> 嘘がバレて彼女と別れることに…

本当のことを言えばよかった。

I (   ) (   ) told the truth.

HINT >> そうすべきだったのにしなかったということ

6 >> 同僚に飲み会に誘われたけど、先約が…

行けたらよかったんだけど。

I (   ) I (   ).

HINT >> 「行きたいけど行けない」というニュアンス

5章 気持ちを伝える

1 **(I'm) (trying) to learn a new skill.**

新しいスキルを学ぼうとしているんだ。 → P138

I'm trying to... は「〜をしようとしている」という意味で、何かしらの努力をしているということを表します。learn a new skill は「新しい技能を身につける」。

2 **(It's) (great) to have you here.**

ここに来てくれて感激です。 → P143

It's great to... で「〜で感激です」と、とてもうれしい気持ちを表します。have someone here は「(人が) ここに来る」という意味なので、自宅やイベントに出席してくれた相手に感謝を伝えるときのフレーズになります。

3 **I (have) (to) finish this report by the end of the week.**

週末までにこのレポートを終わらせなければいけない。 → P140

I have to... は「〜する必要がある」というニュアンスで、自分のしなくてはならない「義務」を表します。外的要因によって「〜せざるを得ない」というニュアンスです。

4 **I'm (sorry) (for) the delay.**

遅れてしまって申し訳ございません。 → P137

I'm sorry for... は「〜ですみません」という気持ちを表します。自分の言動で相手に迷惑をかけたり損害を与えたりしてしまったときに、それを謝罪するために使います。

5 **I (should) (have) told the truth.**

本当のことを言えばよかった。 → P134

I should have... は「〜すればよかった」という意味で、そうしなかったことを後悔するときのフレーズ。過去を振り返って反省するようなときに使います。

6 **I (wish) I (could).**

行けたらよかったんだけど。 → P135

wish は「願う」という意味。I wish ＋過去形で、「だったらいいな」と希望を語るフレーズになります。叶う望みが薄い願望を語るときに。

Let's practice!

7 ▶▶ ずっとご無沙汰していた友達からメールが…

連絡をもらえてとてもうれしいです。

It's (　　　) (　　　) hear from you.

HINT ▶▶▶ 「あなたから聞くことは素晴らしい」が直訳です

8 ▶▶ リモートワークになって、全然体を動かさなくなってしまった…

健康のために毎日歩かないと。

I (　　　) (　　　) walk every day to stay healthy.

9 ▶▶ テストの結果が散々だった…

テストのためにもっと勉強すべきだった。

I (　　　) (　　　) studied more for the exam.

10 ▶▶ 仲のいい同僚が仕事を辞めると言い出して…

マジで言ってるわけじゃないよね。

(　　　) (　　　) you're not serious.

11 ▶▶ 友達の飼っているネコが亡くなったと聞いてびっくり…

ネコちゃんのこと残念だったね。

(　　　) (　　　) about your cat.

HINT ▶▶▶ 不幸な目にあってしまった人にかける定番表現です

12 ▶▶ 夫は会社の文句ばかり…

あなたの仕事の愚痴にはほとほとうんざりよ！

I'm sick and (　　　) (　　　) hearing you
complain about your job!

HINT ▶▶▶ 愚痴を聞くのに疲れて病気になりそう…

7 **It's (great) (to) hear from you.**

連絡をもらえてとてもうれしいです。 → P143

It's great to hear from you. は、「あなたから連絡をもらえて感激です」と、相手からの連絡に対して、うれしさや喜びを表す定番フレーズです。hear from someone「〜から連絡がある」。

8 **I (have) (to) walk every day to stay healthy.**

健康のために毎日歩かないと。 → P140

I have to... は「〜する必要がある」と自分の義務を表すフレーズです。stay healthy で「健康でいる」。

9 **I (should) (have) studied more for the exam.**

テストのためにもっと勉強すべきだった。 → P134

I should have のあとに過去分詞を続けると「〜すべきだった」という意味になります。勉強すべきだったのに「しなかった」今の状態を悔いていることになります。

10 **(I) (hope) you're not serious.**

マジで言ってるわけじゃないよね。 → P136

I hope... は希望する気持ちを伝えるためのひとこと。wish よりも現実味があるけれど、「そう願いたいね」と冗談であってほしい気持ちが含まれます。serious は、「まじめな、本気の」。

11 **(I'm) (sorry) about your cat.**

ネコちゃんのこと残念だったね。 → P137

sorry は謝罪以外にも「〜を残念に思う」という意味もあります。不幸に見舞われた人に「残念です」「ご愁傷様です」という意味で使います。

12 **I'm sick and (tired) (of) hearing you complain about your job!**

あなたの仕事の愚痴にはほとほとうんざりよ! → P146

I'm tired of...（〜にうんざりです）のさらに強調した表現が I'm sick and tired of... という言い方です。「ほとほとうんざり」というニュアンスで、限界がきているという気持ちを表します。

Let's practice!

13 ▶▶ 健康の秘訣を友達に聞かれて…

ジャンクフードを食べすぎないようにしているんだ。

I'm (　　　) (　　　) to eat too much junk food.

14 ▶▶ 友達同士を引き合わせることになり…

きっと彼女を気に入るはずだよ。

(　　　) (　　　) you'll like her.

HINT　「あなたが彼女を好きになることを確信している」が直訳

15 ▶▶ 連休をどう過ごすのか同僚に聞かれて…

家族と過ごしたいかなぁ。

(　　　) (　　　) like spending time with family.

HINT　「〜したい気がする」と控えめに自分のしたいことを表す

16 ▶▶ 上司に頼まれていた仕事の内容、どうやら勘違いしてたようです…

勘違いしていて失礼しました。

(　　　) (　　　) for the misunderstanding.

HINT　すでに起きてしまったことを謝罪する表現

17 ▶▶ 上司の制止を振り切って決行した計画が大失敗…

上司のアドバイスに耳を傾けるべきだった。

(　　　) should (　　　) listened to my boss's advice.

18 ▶▶ 会議の時間が変わったことを同僚から聞いて…

知らせてくれてありがとう。

(　　　) (　　　) letting me know.

5章

気持ちを伝える

13 I'm (trying) (not) to eat too much junk food.

ジャンクフードを食べすぎないようにしているんだ。

→ P138

I'm trying not to... で「〜しないようにしている」という意味で、何かをしすぎないようにあえて避けていることをなどを話すときに使います。

14 (I'm) (sure) you'll like her.

きっと彼女を気に入るはずだよ。

→ P144

I'm sure のあとに主語＋動詞の文章をあてはめて、きっと（主語）が（動詞）するに違いないという意味になります。相手が確実に気に入るだろうというときに使うひとこと。

15 (I) (feel) like spending time with family.

家族と過ごしたいかなぁ。

→ P141

I feel like ...ing は、「〜したい気がする」「〜したいな」という意味で、自分の欲求を表すときの表現です。自分がなんとなくやりたいことを表現するときに用います。

16 (I'm) (sorry) for the misunderstanding.

勘違いしていて失礼しました。

→ P137

I'm sorry for... は、すでに起こった出来事を「〜でごめんなさい」と具体的に謝るときに使います。for のあとには名詞（動名詞）をあてはめます。

17 (I) should (have) listened to my boss's advice.

上司のアドバイスに耳を傾けるべきだった。

→ P134

I should have... は「〜すればよかった」という意味で、そうしなかったことをあとで悔やむひとこと。I should've と省略することもあります。

18 (Thanks) (for) letting me know.

知らせてくれてありがとう。

→ P139

Thanks. は Thank you. をカジュアルにした形ですが、フレンドリーなお礼表現となります。Thanks for... で「〜をありがとう」と具体的に述べるときに使います。

Let's practice!

19 ▶▶ 友達が遠路はるばる遊びに来てくれた…

来てくれてありがとう。

(　　)(　　) coming over.

20 ▶▶ 休みの日だというのに会社からの電話が鳴り止まない…

スマホがひっきりなしに鳴るのにはうんざりだ。

I'm (　　)(　　) my phone ringing all the time.

HINT ≫≫ ～に疲れ切ってしまったというニュアンス

21 ▶▶ クリスマス休暇に入る同僚に…

いいクリスマスをね。

I (　　)(　　) a Merry Christmas.

22 ▶▶ 仕事が全然終わらず、早めに出勤することに…

今日は早く出勤しないといけない。

I (　　)(　　) go to work early today.

HINT ≫≫ 自分の義務を話すフレーズ

23 ▶▶ 同僚とのランチ、どの店がいいかをたずねられて…

今日のランチは新しいレストランがいいかなぁ。

I (　　)(　　) trying a new restaurant for lunch today.

24 ▶▶ 一念発起、決意して…

禁煙しようとしてるんだ。

I'm (　　)(　　) quit smoking.

19 (Thanks) (for) coming over.

来てくれてありがとう。　　　　　　　　　　　　　　→ P139

Thanks for... で「〜をありがとう」と、してもらったことを具体的に述べるときに使います。for のあとには名詞（動名詞）が続きます。come over で「立ち寄る」。

20 I'm (tired) (of) my phone ringing all the time.

スマホがひっきりなしに鳴るのにはうんざりだ。　→ P146

I'm tired of... で「〜には飽きた」「〜にはうんざりだ」という意味になります。all the time は「ひっきりなしに」「年がら年中」。

21 I (wish) (you) a Merry Christmas.

いいクリスマスをね。　　　　　　　　　　　　　　→ P135

I wish you... で「あなたの願いが叶うように」という意味のあいさつとしても使います。I wish you a Merry Christmas and Happy New Year.（よいクリスマスと新年を）もよく使います。

22 I (have) (to) go to work early today.

今日は早く出勤しないといけない。　　　　　　　　→ P140

I have to... は「〜する必要がある」というニュアンスで、ある状況においてやらなければならないことや、義務・責任があることを表します。

23 I (feel) (like) trying a new restaurant for lunch today.

今日のランチは新しいレストランがいいかなぁ。　→ P141

feel like ...ing で「〜したいなぁ」と、思いつきで自分がしたいことなどを述べるときのフレーズ。「どちらかといえばそうしたいかな」という軽めのニュアンスです。

24 I'm (trying) (to) quit smoking.

禁煙しようとしてるんだ。　　　　　　　　　　　　→ P138

I'm trying to... で「〜をしようとしている」という意味。目的や目標に向けた現在の取り組みを表します。「本当に努力している」と強調したいときは trying の前に really や後ろに hard を加えます。

Let's practice!

25 >> 友達から彼氏ができそうとのメッセージがあり…

その話待ちきれないよ!

I (　　　) wait (　　　) hear about it!

26 >> 冬のとっても寒い日に…

熱いお風呂につかりたいなぁ。

I (　　　) (　　　) soaking in a hot bath.

27 >> ずっと忙しかったので、家族との時間を大切にしたい…

妻ともっと話をしようとしています。

I'm (　　　) (　　　) talk more with my wife.

HINT >>> 努力していることを表すフレーズ

28 >> 何でもできる友達が羨ましい…

私があなただったらなぁ。

I (　　　) I (　　　) you.

HINT >>> 叶う望みが薄い願いを述べる表現

29 >> 会議で意見を求められて…

エレンに賛成です。

I (　　　) (　　　) Ellen.

HINT >>> 何かに賛成するときの定番表現

30 >> ずっと会えていなかった友達と再会できて…

また会えて感激です。

It's (　　　) (　　　) see you again.

HINT >>> 「～できることは素晴らしい」が直訳

5章

気持ちを伝える

25 I (can't) wait (to) hear about it!

その話待ちきれないよ！ → P145

I can't wait to... は to のあとに動詞の原形を続けて、「〜するのが楽しみ」という意味で使います。

26 I (feel) (like) soaking in a hot bath.

熱いお風呂につかりたいなぁ。 → P141

feel like ...ing で「〜したいな」と、自分のささやかな希望を伝えるフレーズです。soak in a bath(tub) で「お風呂につかる」。

27 I'm (trying) (to) talk more with my wife.

妻ともっと話をしようとしています。 → P138

try は「試す」という言い方なので、I'm trying to... で「〜しようとしています」と現在進行形で努力していることを伝えるフレーズになります。

28 I (wish) I (were) you.

私があなただったらなぁ。 → P135

I wish I were... は、現在の自分の現状や能力に対しての「〜だったらよかったのにな」という気持ちを表現するひとこと。叶う可能性はかなり低いイメージです。

29 I (agree) (with) Ellen.

エレンに賛成です。 → P142

agree with... は人の意見や何かの計画に「賛成する」ときに使う表現。I agree with＋人で「〜（の意見）に賛成です」という意味になります。

30 It's (great) (to) see you again.

また会えて感激です。 → P143

great は「素晴らしい」という意味なので、It's great to... で「〜で感激です」「〜でとてもうれしいです」と、何かができて感激している気持ちを表します。

Let's practice!

31 ▶▶ 取引先がこちらの提案を受け入れてくれたので…

ご理解ありがとうございます。

(　　) (　　) understanding.

32 ▶▶ 社長から、スタッフの増員を提案されて…

スタッフを増やすという決定に賛成します。

(　　) (　　) with the decision to hire more staff.

33 ▶▶ オフィスの鍵が開きっぱなしだったけど…

私が退社するときに鍵をかけたのは確かです。

(　　) (　　) I locked the door before I left the office.

34 ▶▶ 海外から来た友達一家の帰国日に…

あなたたちにすぐまた会えるといいな。

I (　　) (　　) see you guys soon.

35 ▶▶ 会社の近くに食べるところがなくて…

毎日同じランチはもう飽きたよね。

I'm (　　) (　　) the same lunch every day.

36 ▶▶ 週末には楽しみな予定がてんこ盛り…

週末が待ちきれません。

I (　　) (　　) for the weekend.

HINT ▶▶ 楽しみな気持ちを「待つことができない」と表現するひとこと

5章

気持ちを伝える

31 (Thanks) (for) understanding.

ご理解ありがとうございます。

→ P139

Thanks for understanding. は「ご理解ありがとうございます」という意味で、ビジネスでもよく使います。相手が理解を示してくれたときに、そのことへの感謝の気持ちを表すために使われます。

32 (I) (agree) with the decision to hire more staff.

スタッフを増やすという決定に賛成します。

→ P142

I agree with... は、誰かの意見や考え方に「賛成です」という意味になります。with のあとには人だけではなく、decision（決定）、opinion（意見）などのコトをあてはめてもOKです。

33 (I'm) (sure) I locked the door before I left the office.

私が退社するときに鍵をかけたのは確かです。

→ P144

I'm sure I... は「私は確かに〜した」という意味で、誰かに疑われたようなときに、「私は絶対〜しましたよ」と念を押すようなイメージで使います。

34 I (hope) (to) see you guys soon.

あなたたちにすぐまた会えるといいな。

→ P136

hope は「〜だといいな」という意味で、自分の希望を述べるときに使います。you guys は「あなたたち」という意味のカジュアルでフレンドリーな言い方になります。

35 I'm (tired) (of) the same lunch every day.

毎日同じランチはもう飽きたよね。

→ P146

I'm tired. は「疲れた」ですが、I'm tired of... で「〜には飽きた」という意味になります。繰り返し行われることに疲れた＝もう飽き飽き、というニュアンス。

36 I (can't) (wait) for the weekend.

週末が待ちきれません。

→ P145

I can't wait... は「〜が待ちきれない」という意味です。つまり「〜が楽しみ！」とこれからやってくることにワクワクしているときに使います。I can't wait for... で「〜が楽しみ」。

Let's practice!

37 ▶▶ 希望の会社に転職が決まって…

新しい仕事を始めるのが楽しみ！

I (　　　) (　　　) to start my new job.

HINT ▶▶ 「〜するのを待つことができない」が直訳です

38 ▶▶ 計画を根本から見直そうと上司が言って…

あなたの決断に賛成です。

I (　　　) (　　　) your decision.

39 ▶▶ くしゃみをしたら友達に「風邪じゃない？」と言われて…

そうじゃなければいいけど。

I (　　　) (　　　).

40 ▶▶ 貸していたカメラに水をかけてしまったと謝る友達に…

きっと大丈夫だよ。

(　　　) (　　　) it's OK.

41 ▶▶ 自宅に招いた友達からおみやげを受け取って…

気をつかわなくてよかったのに。

You (　　　) (　　　).

HINT ▶▶ 「あなたはそれをすべきじゃなかった」が直訳

42 ▶▶ 天気予報は雨だったが、晴天に恵まれて…

いい天気のおかげでサッカーの試合は中止にならなかった。

(　　　) (　　　) the good weather, our soccer game didn't get cancelled.

37 I (can't) (wait) to start my new job.

新しい仕事を始めるのが楽しみ！　→ P145

I can't wait to... は、直訳すると「〜することを待ちきれない」という意味で、とても楽しみにしていることについて話すときに使います。

38 I (agree) (with) your decision.

あなたの決断に賛成です。　→ P142

I agree with... で「〜に賛成です」という意味です。with のあとにあてはめるのは、人でもモノで大丈夫です。

39 I (hope) (not).

そうじゃなければいいけど。　→ P136

何かが起こらないことを願うときに使うフレーズで、「ネガティブな出来事が起こることを避けたい」という場合に使います。反対に「そう願う」は I hope so。

40 (I'm) (sure) it's OK.

きっと大丈夫だよ。　→ P144

sure は「確信している」という意味なので、I'm sure... で sure 以下に関して「確信しています」「〜に違いない」といったニュアンスになります。自分の中で確信していることを伝えるフレーズ。

41 You (shouldn't) (have).

気をつかわなくてよかったのに。　→ P134

You shouldn't have. はまるで「すべきじゃなかった」と責めているようですが、実は相手の気づかいに「しなくてよかったのにしてくれてありがとう」という感謝の気持ちで使えます。

42 (Thanks) (to) the good weather, our soccer game didn't get cancelled.

いい天気のおかげでサッカーの試合は中止にならなかった。　→ P139

Thanks to... で「〜のおかげで」と、誰かのサポートなどのおかげでうまくいったときに使います。weather（天気）のように、人以外から恩恵を受けたときにも使えます。

誰かの意見に反対するとき
英語でもストレートすぎるのはNG

ネイティブは多くの場合、自分の意見をはっきり主張します。だからといって何でも強く言うほうがいいかというと、実はそうではありません。あいまいな態度を避けようとするあまりに、強く反対意見を言いすぎるのはちょっと危険。反対するときも、きちんと相手を尊重するのが大前提です。

＊ストレートな言い方
  I don't think so.（そうは思いません）
  I disagree with you.（あなたには反対です）
＊遠回しな言い方
  I'm afraid I don't think so.（あいにくそうは思いません）
  I can't agree with you.（賛成することはできません）

上の例文の最初の２つはかなりストレートな言い方。下の２つの言い方のほうが、相手を責め立てるニュアンスがぐっと和らぎます。

他にも、ネガティブな言葉を使わずに **not** ＋肯定の表現で印象をソフトにする技もあります。

＊否定的な言葉
  That's wrong!（それは間違ってるよ！）
＊**not** ＋肯定的な言葉
  That's not right.（それは正しくないよ）

相手を尊重して、反対意見を言うときにも言葉を選びましょう。

6章

ちょっと
ひとこと

基本的な表現をおさえて、ちょっと気のきいたひとことも言えるようになると、さらに会話がイキイキとします。大切なのは、相手とコミュニケーションをとりたいという気持ち。フレーズの前後に自分なら何をあてはめて使うか想像しながら読み進めてみましょう。

66

とにかく ☐ してみなよ。

Just try ☐ .

こんなときに！ 大プロジェクトを任された新人に…

Just try your best.
（とにかく思い切ってやってみなよ）

1 「やってみな」と背中を押すひとこと

try は「試す」なので、**Just try...** で「〜をやってみなよ」「とにかく〜してみなよ」と、あまり乗り気でなかったり、尻込みしている人を促す場面で使います。

例 **Just try talking to her.**
（友達が彼女と大げんか）とにかく話す努力をしないと。

2 Just try to... で具体的な行動を促す

Just try to... で、相手に具体的な行動を促す言い方になります。いい結果になるように「〜をする努力してみなよ」というニュアンスです。

例 **Just try to have a good time.**
（はじめての海外旅行で緊張気味の友達に）とにかく楽しんで。

3 なぐさめるときには Nice try. を

try を使ったよく使う表現に **Nice try.** があります。これは、試したけれどダメだったときに「惜しい」「頑張りはよかったよ」となぐさめるひとことになります。

67

67

　　　　　　に気をつけて。

Be careful to 　　　　　.

こんなときに! 最近物騒なので家族にひとこと…

> **Be careful to lock up.**
> （戸締まり忘れないようにね）

1　相手への忠告・注意

Be careful. は「気をつけて」と、相手に注意を促すときのフレーズ。**Be careful to...** で「〜するように注意して」という意味です。逆に否定形 **Be careful not to...** だと、「〜しないように気をつけてね」の意味になります。

例 **Be careful to turn off the light.**
　（世間が節電ムードなので）電気を消すようにしてね。

例 **Be careful not to tell him anything.**
　（サプライズなので口止めを）彼には何も言わないようにね。

2　Watch out. と Be careful. の違いは?

同じく相手に「気をつけて」というときに **Watch out.** もよく使います。**Be careful.** が前もって「注意する」表現なのに対して、**Watch out.** は目の前に危険が迫っているようなときに思わず出るひとことになります。

「（運転）気をつけてね」

「危ない! 注意して!」

68

⬚⬚⬚⬚ はどうでしたか?

How was ⬚⬚⬚⬚ ?

こんなときに! 長時間、飛行機に乗ってきた友達に…

How was your flight?
（飛行機はどうだった?）

---

1 感想をたずねる

人やモノ、イベントなどをあてはめて「〜はどうだった?」と感想を聞くのに使えます。**How was school today?**（今日学校どうだった?）は母親が学校帰りの子どもに聞く定番フレーズ。

また、相手がどこかに出かけた話を聞いて、**How was it?**（どうだったの?）とあいづちとして使ったりもします。**was** を **is** にすると「〜の調子はどう?」と今現在どうしているかをたずねるフレーズになります。

例 **How's your wife?**
（久々に友達の奥さんの話題が出たので）奥さん元気にしてる?

例 **How's everything going?**
（部下に任せたプロジェクトについて）順調にいってる?

---

2 How about...? にすると提案のフレーズに

感想をたずねるときは **How about...?** を使ってしまいそうになりますが、これは「〜はどう?」と相手に何かを提案するときの言い回しになります。「〜するのはどう?」なら **How about ...ing?** になります。

例 **How about you?**（会議で意見を求める）あなたはどう思いますか?

例 **How about going to a movie?**（遊びの予定を相談中）映画に行くのはどう?

69

の準備はできています。

I'm ready for _____ .

こんなときに！ 明日は楽しみにしていたキャンプ…

I'm ready for camping.
（キャンプの準備はバッチリだよ）

1 準備が整ったことを伝える

ready は「支度が整って」「用意ができて」という意味なので、**I'm ready for...** で「〜の準備ができた」という意味になります。イベントや出かける準備が整ったことを相手に伝える言い回しです。「準備万端！」と強調するときは **I'm quite ready for...** などと言います。

例 **I'm ready for anything.**（プレゼンの前に）どんとこい！
例 **I'm ready for winter.**（衣替えが完了）もう冬支度はできてるよ。

2 I'm ready to... で「〜する準備ができた」

ready to のあとには、動詞が続きます。準備が整い、さあ出かけようというときは **I'm ready to go.**（行く準備はできたよ）と言います。

例 **I'm ready to start the meeting whenever you are.**
（出席者が揃ったので）そちらがOKならいつでも会議を始めてください。

3 気持ちの整理がつかないときは否定形にする

否定形にした **I'm not ready...** は「心の準備ができてない」という意味でよく使います。**I'm not ready to get married.** だと、まだ結婚する決心がつかないという意味に。

6
章

ちょっとひとこと

167

70

　　　　　　　　じゃないかな。

I guess ◻◻◻◻◻ **.**

> **こんなときに！** 食事会ではじめて見かけた人に…

> **I guess he's in his thirties.**
> （彼は30代じゃないかな）

1　なんとなくの思いつきに

guess は「推測する」なので、**I guess...** で「〜じゃないかな」と、自分の予測を相手に伝えるときに使う言い回しです。特に確証や根拠はなく自分の感覚で「なんとなく」というイメージで使います。

例 I guess he might quit his job.
（元気がない同僚を見て）彼もしかしたら辞めちゃうんじゃないかな。

2　I guess so. はどちらとも言えないときに

質問の答えがはっきりしないときには **I guess so.**「たぶんそうかもね」をよく使います。「〜と思う」という意味の英語はいろいろありますが、確信度が低い順に **guess < suppose << think <<< believe** という感じです。

確信度 30%	確信度 50%	確信度 80%	確信度 100%
I guess so.	I suppose so.	I think so.	I believe so.
そうなんじゃない？（知らんけど）	そうかもね。	そう思います。	そう確信しています！

71

こんなときに！ ▶ ぐったりしている同僚が徹夜明けだと知り…

> ## No wonder he's tired.
> （彼が疲れてるのも無理ないね）

1 「そりゃそうだ！」と言いたいときに

wonder は「不思議なこと」「驚くべきもの」という意味があります。**No wonder...** で「〜は不思議ではない」＝「〜は当然だ」、という意味になります。何らかの理由があって、「それならそうなるよね」という気持ちを表します。

例 **No wonder this tastes so good.**
（有名シェフの料理だと知って）どうりでこれはおいしいはずだよね。

例 **No wonder she's always late.**
（遅刻常習犯の彼女が毎晩クラブで遊び歩いていると聞いて）
彼女がいつも遅刻するのも無理はない。

2 腑に落ちたときに放つひとこと

No wonder. だけでも「どうりでね」と納得した気持ちを表す返事として使えます。疑問に思っていたことの理由がわかって「それなら納得！」と腑に落ちたときに使うフレーズになります。

例 （急に勉強するようになった息子について両親が会話）
He seems to be studying very hard. あの子やけに勉強頑張ってるね。
→**He's just looking for an allowance.** お小遣い目当てよ。
→<u>**No wonder.**</u> どうりで。

72

☐ は誰もわかりません。

Nobody knows ☐ .

こんなときに！ 飲み会に来た見覚えのない人について…

Nobody knows his name.
（誰も彼の名前がわからないの）

1 誰もわからないことについて

Nobody は「誰も〜ない」なので、Nobody knows... で「誰も〜を知らない」という意味になります。あるものごとについて、誰もわからないときに使います。

例 **Nobody knows** what's going on.
（突然の停電で）誰も何が起きているかわからないんだ。

例 **Nobody knows** where the cat came from.
（キャンパス内に迷いネコが）誰もそのネコがどこから来たか知らないの。

2 Nobody knows. は言い方に注意

相手に聞かれたことに対して、「わからない」と言うとき、自分のことであっても Nobody knows. と言うと「誰も知らない」＝「どうかな」「知らないな」とちょっと濁すような言い方になります。
つっけんどんな言い方をしてしまうと 「さあね」「知ったこっちゃない」と突き放したニュアンスにもなるので注意が必要です。No one knows. や Who knows. なども同様の表現です。

例 **What kind of store will be built on the vacant lot?**
（駅前で工事が始まった）空き地には何のお店ができるのかな?
→**Nobody knows.** さぁ、わからないなぁ。

73

☐ を思い出させる。

It reminds me of ☐ .

こんなときに！ 友達とふざけている昔の写真を見て…

It reminds me of my school days.
（これを見ると学生の頃を思い出すよ）

1 何かのきっかけで昔のことを思い出したときに

remind は「〜に思い出させる」という意味です。**It reminds** ＋人＋ **of that...** のパターンで 「それは（人）に〜ということを思い出させてくれる」となります。あるものごとによって、思い出や忘れていた事実などをあらためて思い起こしたときに使います。

以下の例文のように、**it** や **that** の代わりに思い出すきっかけになったものを主語にすることもできます。

例 This song reminds me of my college life.
（店内で懐かしいBGMが流れて）この曲を聞くと大学生の頃を思い出すな。

2 remember と remind の違いは？

remind（思い出させる）に似た単語に **remember**（思い出す）があります。以下で使い方の違いを見てみましょう。

▶ 懐かしい子供時代の絵本を見つけて…

*remind（思い出させる）　　　　　　　　*remember（思い出す）

This book reminds me of my childhood.

「この本は私に
子供時代を思い出させる」

I remembered my childhood when I saw this book.

「私はこの本を見て
子供時代を思い出した」

6章

ちょっとひとこと

171

74

そうだね。

That sounds ___.

こんなときに！ ▶ サプライズパーティーの計画を聞いて…

That sounds fun!
（楽しそう！）

1 相手の話の感想を述べる

sound=「音」を思い浮かべると思いますが、動詞になると、相手から聞いた情報について「〜だと思う・感じる」という意味になります。**That sounds...** で「〜そうだね」と自分の感想を述べるときに使います。

カジュアルなシーンでは、**That** を省略して**Sounds good.**（いいね）のように使います。楽しみなことだけでなく、**That sounds tough.**（そりゃ大変そうだ）とネガティブなことにも使えます。

例 **That sounds interesting.**（友達がインドに行くらしい）おもしろそう。

2 相手の感想がほしいとき

反対に、何かを提案して「どう思った？」のように聞きたいときは、**How does that sound?** などと言います。「これを聞いてあなたはどう思う？」というニュアンスです。

3 グループの中で誰かの案に賛成する場合

誰かの案に賛成するときに、**Sounds good to me.** という言い方もあります。**That sounds good.** と意味は同じですが、グループ内のやりとりで「自分はそれでいいよ」と意見を伝えるニュアンスになります。

75

Nothing beats 　　　　.

こんなときに! 久々にハワイ旅行に行って…

Nothing beats Hawaii.
（やっぱりハワイが一番だね）

1 やっぱり〜が一番!

いろいろ試したけど、やっぱりこれが最高! 結局はこれが間違いないね、ナンバーワンだよね、というフレーズです。**beat** は「打ち負かす」という意味があるので、**Nothing beats...**「何も〜を負かすことはできない」つまり「〜に限る!」という意味になります。
気持ちがストレートに伝わるカジュアルな表現です。**Nothing can beat...** のパターンでもOKです。

例 **Nothing beats Kyoto in the autumn.**
（京都の紅葉が大好き!）やっぱ秋の京都が一番だよね。

例 **Nothing can beat a beer in mid-summer!**
（ビアガーデンでビールを飲んで）やっぱり真夏のビールは最高!

2 食べ物には hit the spot でもOK!

こちらは特に食べ物に対して用いる言い回しで、**Shaved ice really hits the spot in summer!** で「夏はかき氷に限る!」という意味になります。
料理の話をしているときに **That hit the spot!** と言えば、「あれ最高だったね!」となります。**really** を入れるとさらに感動した気持ちが伝わります。

例 **How was the muffin?** マフィンおいしい?
→**It really hit the spot!** これ、マジ最高!

6
章

ちょっとひとこと

76

┌──────────┐ しないといけないかも。

I might have to ┌──────────┐ .

こんなときに！ ▶ 支店で問題発生…

I might have to go.
（行かなくちゃいけないかも）

1　自分の義務を客観的に伝える

might は「〜かもしれない」という推量の意味で、I might have to... は自分に生じる義務について客観的に「〜しなければならないかも」というときの表現です。断言せずに「〜かもしれない」と余韻を残した言い方です。

例 **I might have to buy a new smartphone.**

（スマホの調子が悪いので）新しいスマホを買わないといけないかも。

2　might have to は must よりソフトな助言

You を主語にして You might have to... と言うと、「〜しないといけないかもね」のように相手に遠回しに助言する言い方になります。ストレートすぎずに相手のやるべきことを伝えられるので、便利な表現です。

例 **You might have to work overtime this week to meet the deadline.**

（締め切り間際の状況で）締め切りに間に合わせるには残業しないといけないかもね。（＝「残業したほうがいいよ」と遠回しにすすめている）

「そろそろ帰ったほうがいいかも…」

「もう家に帰りなさい！」

77

□□□□□□ するのを忘れました。

I forgot to □□□□□□ .

こんなときに！ 友達からの伝言を伝え忘れた…

I forgot to tell her.
（彼女に伝えるのを忘れちゃった）

1 うっかりしてしまった！

forgot は **forget** の過去形で「忘れた」です。**I forgot to...** で「〜する
のを忘れた」と、本来すべきことをうっかり忘れてしまったときに使います。
to のあとは動詞の原形で、具体的に忘れてしまった行動をあてはめます。
「完全に忘れてた！」と忘れていたことをより強調したいときは、**completely**
や **totally** を **forgot** の前に入れて使います。

例 **I forgot to set my alarm clock.**
　　（待ち合わせに大遅刻）目覚ましかけるのを忘れちゃった。

例 **I completely forgot to withdraw money.**
　　（会計でお金が足りない！）お金を下ろすのをすっかり忘れちゃった。

2 寸前に気づいたときは almost を使う

「忘れるところだった」とギリギリのところで気づいたときは、**I almost
forgot.** と言います。「もう少しで忘れそうだったけど、忘れなかった」とい
うシチュエーションで使えます。

例 **I almost forgot my smartphone.**
　　（家を出る寸前にスマホを持っていないことに気づいて）
　　危うくスマホを忘れるところだった。

6
章

ちょっとひとこと

78

◻️ なのはわかっていますが ◻️ 。

I know ◻️ , but ◻️ .

こんなときに！ 同僚も忙しそうだけど、手伝ってほしい…

I know you're busy, but can you help?
（忙しいところ悪いんだけど、手伝ってくれない?）

1　遠まわしな依頼表現

I know you're busy, but... は 「忙しいのはわかっているのですが…」と切り出して、お願いごとをするときによく使う表現になります。「〜は重々承知していますが」と相手の状況をきちんと理解していることが伝わります。

例 **I know you're busy, but could you check this?**
（忙しそうな上司をつかまえて）お忙しいかと思いますが、こちらをご確認いただけますか?

例 **I know you're tired, but could you carry this stuff?**
（帰宅したばかりの夫に手伝ってもらいたい）
疲れてるとは思うんだけど、この荷物運んでもらえる?

2　I know it's... のパターン

I know it's... も 「〜なことはわかっているんだけど」と、状況はわかっているけれど、何かをしなくてはいけないというシチュエーションで使えます。

例 **I know it's short notice, but I'll leave the company tomorrow.**
（突然会社を辞めることになり）急なんだけど、明日で会社を辞めるの。

例 **I know it's sudden, but I can't go out tonight.**
（夫と約束の日に残業決定）突然なんだけど、今日行けなくなっちゃった。

Let's practice!

1 ＞＞ 明日の天気を聞かれたけど、天気予報はまだ見ていない…

明日は暑くなるんじゃないかな。

（　　　）（　　　）it's going to be hot tomorrow.

HINT ＞＞ 根拠はなく、単に自分の勘で言っている

2 ＞＞ 会社のゴシップで盛り上がったあと、おしゃべりな同僚に…

うっかり口を滑らせないように。

Be（　　　）（　　　）to make a slip of the tongue.

3 ＞＞ 会社のCEOが突然新規事業を発表…

彼が何を考えているのか誰もわからない。

（　　　）（　　　）what he's thinking.

HINT ＞＞ 誰も彼の考えを知らないというニュアンス

4 ＞＞ 旅行の準備は進んでいるか聞かれて…

バルセロナ旅行への準備はばっちりです。

I'm（　　　）（　　　）my trip to Barcelona.

HINT ＞＞ 「〜の準備はできている」という表現

5 ＞＞ 毎朝疲れている様子の友達に…

早く寝てみたらいいよ。

（　　　）（　　　）going to bed earlier.

HINT ＞＞ 「とにかく〜してみなよ」という助言

6 ＞＞ 実家に帰って久しぶりに母の手料理を食べて…

やっぱりお母さんの料理に限るね。

（　　　）（　　　）my mom's homemade cooking.

1 **(I) (guess) it's going to be hot tomorrow.**

明日は暑くなるんじゃないかな。 → P168

guess は「推測する」なので、I guess... で「〜じゃないかな」と、根拠や情報がない状況で自分の考えを述べるときに使います。

2 **Be (careful) (not) to make a slip of the tongue.**

うっかり口を滑らせないように。 → P165

Be careful not to... で「〜しないように気をつけてね」と相手にしてほしくないこと忠告する言い方になります。make a slip of the tongue で「口を滑らせる」。

3 **(Nobody) (knows) what he's thinking.**

彼が何を考えているのか誰もわからない。 → P170

Nobody knows... は「誰も〜を知らない」と、あるものごとについて誰もわからないときに使います。No one knows... も同じ意味で使います。

4 **I'm (ready) (for) my trip to Barcelona.**

バルセロナ旅行への準備はばっちりです。 → P167

ready は「用意ができて」なので、I'm ready for... で「〜の準備ができた」という意味。出かける準備が整ったことを伝えるフレーズです。

5 **(Just) (try) going to bed earlier.**

早く寝てみたらいいよ。 → P164

try は「試す」なので Just try... で「〜をやってみなよ」「とにかく〜してみなよ」と誰かを促す場面で使います。go to bed earlier は「早く寝る」。

6 **(Nothing) (beats) my mom's homemade cooking.**

やっぱりお母さんの料理に限るね。 → P173

Nothing beats... は「やっぱり〜が最高！」「〜が一番だよね！」と、いろいろ試したけど、結局はこれがナンバーワン、というニュアンスです。

Let's practice!

7 ≫ 疲れて帰ってきて、そのまま寝ようとしている子どもに…

疲れてるだろうけど、お風呂には入ったほうがいいよ。

I (　　　) you're tired, (　　　) a bath is a good idea.

8 ≫ 走り回っている子どもたちに注意…

転ばないようにね。

(　　　) careful not (　　　) fall.

HINT ≫ 「〜しないように気をつけて」が直訳

9 ≫ 誰にも理由を告げずに辞めてしまった同僚…

彼が急に会社を辞めた理由は誰も知らない。

(　　　) knows (　　　) he suddenly quit his job.

HINT ≫ 理由をたずねる疑問詞を使って

10 ≫ 買い物中、似合いそうな服があったので…

試着してみなよ。

Just (　　　) it (　　　).

11 ≫ 仕事から帰った奥さんに…

今日の仕事はどうだった?

(　　　) (　　　) work today?

HINT ≫ 「どのようにして」という意味の疑問詞を使って

12 ≫ 積もる話があり、だいぶ遅い時間になってしまった…

そろそろ帰ろうかな。

I (　　　) (　　　) should be heading out.

6章 ちょっとひとこと

179

7 I (know) you're tired, (but) a bath is a good idea.

疲れてるだろうけど、お風呂には入ったほうがいいよ。　→ P176

I know you're..., but... は「〜なのはわかるけど…」と、相手の状況を理解しつつ何かを提案するときのフレーズです。**good idea** は「名案」という意味ですが、したほうがいいと思うことを伝えるときに使います。

8 (Be) careful not (to) fall.

転ばないようにね。　→ P165

Be careful not to... で「〜しないように気をつけてね」と、してほしくないこと忠告するひとこと。釘を刺すようなニュアンスになります。**fall** は「転ぶ」。

9 (Nobody) knows (why) he suddenly quit his job.

彼が急に会社を辞めた理由は誰も知らない。　→ P170

Nobody knows のあとに疑問詞を続けるパターン。Nobody knows why... で「なぜ〜なのか誰も理由を知らない」という意味です。

10 Just (try) it (on).

試着してみなよ。　→ P164

Just try... で「〜をやってみなよ」「とにかく〜してみなよ」という意味。あまり乗り気でない人を促す場面などで使います。**try it on** は「試着する」。

11 (How) (was) work today?

今日の仕事はどうだった?　→ P166

How was のあとに人やモノ、イベントなどをあてはめて「〜はどうだった?」と感想を聞くときに使います。

12 I (guess) (I) should be heading out.

そろそろ帰ろうかな。　→ P168

I guess I... で「〜しようかな」というニュアンスで、自分の行動予定を控えめに言うときのひとことになります。I guess I should... で「〜しないといけないかな(本当はしたくない)」という気持ちが含まれます。

Let's practice!

13 ▶▶ 飲みすぎてうっかり終電を逃してしまった同僚に…

タクシーを呼ばないといけないかもね。

You (　　　) (　　　) to take a taxi.

14 ▶▶ 断捨離をしていたら、エッフェル塔のキーホルダーが…

これ、パリに行ったときのことを思い出すなぁ。

It (　　　) me (　　　) the time we went to Paris.

HINT ▶▶ これはパリに行った時間を思い出させる、というニュアンス

15 ▶▶ 猛烈に怒っている彼女に事情を説明したい…

怒ってるのはわかるけど、話を聞いてほしいんだ。

(　　　) (　　　) you're angry, but I want you to listen to me.

16 ▶▶ 苦手な上司にイライラを募らせる同僚…

ちょっと我慢してみよう。

(　　　) (　　　) to be patient.

HINT ▶▶ 「我慢してみなよ」と促すひとこと

17 ▶▶ 飲み会も終盤で、そろそろ帰りたいところ…

もう帰る準備はできたよ。

I'm (　　　) (　　　) go home now.

18 ▶▶ レストランのお肉がA5ランクだとわかり…

どうりでこのお肉はこんなに柔らかいのね。

(　　　) (　　　) this meat is so tender.

HINT ▶▶ 「不思議ではない」というニュアンス

6
章

ちょっとひとこと

13 You (might) (have) to take a taxi.

タクシーを呼ばないといけないかもね。　　　→ P174

You might have to... で「〜しないといけないかもね」と、相手に良かれと思うことを遠回しに伝える言い方になります。

14 It (reminds) me (of) the time we went to Paris.

これ、パリに行ったときのことを思い出すなぁ。　　　→ P171

It / That reminds ＋人＋ of... のパターンは「それは（人）に〜ということを思い出させてくれる」となります。思い出を懐かしむようなひとことです。

15 (I) (know) you're angry, but I want you to listen to me.

怒ってるのはわかるけど、話を聞いてほしいんだ。　　　→ P176

I know you're..., but... は「〜なのはわかるけど…」と、相手の状況への配慮を伝えつつ、何かを発言するときの表現です

16 (Just) (try) to be patient.

ちょっと我慢してみよう。　　　→ P164

Just try to... で「とにかく〜してみなよ」と相手に具体的に行動を促す言い方になります。いい結果になるように「〜をする努力してみなよ」というニュアンスです。

17 I'm (ready) (to) go home now.

もう帰る準備はできたよ。　　　→ P167

I'm ready to... で「〜する準備ができた」という意味です。I'm ready to go home now. は同伴者に「もう帰る準備はできた」＝「もう帰ろう」という意味で使うことが多いひとこと。

18 (No) (wonder) this meat is so tender.

どうりでこのお肉はこんなに柔らかいのね。　　　→ P169

wonder は「不思議なこと」「驚くべきもの」という意味があります。No wonder... で「〜は不思議ではない」＝「〜は当然だ」、という意味になります。

19 ▶▶ 友達が新作の映画を見に行ったらしい…

昨日見た映画はどうだった?

(　　　)(　　　　) the movie you saw last night?

20 ▶▶ 仕事がまったく終わらなそう…

今日のディナーは断らないといけないかもな。

I (　　　) have (　　　) cancel today's dinner.

21 ▶▶ 上司にちょっと聞いてもらいたいことが…

お忙しいとは思いますが、お時間ありますか?

I (　　　) you're busy, (　　　) can you spare a minute?

> HINT ▶▶ 「忙しいのはわかっています、でも…」と切り出すフレーズ

22 ▶▶ 海に行く予定だったけど、雨が降ったので…

雨の日はいい映画を見るに限るね。

(　　　)(　　　) a good movie on a rainy day.

23 ▶▶ お世話になった先輩だけど…

彼が卒業後どこに行ったのか誰も知らない。

(　　　)(　　　) where he went after graduation.

24 ▶▶ カフェで懐かしい曲が流れてきた…

この曲は地元の友達を思い出すなぁ。

This song (　　　)(　　　) of friends in my hometown.

6章

ちょっとひとこと

19 (How) (was) the movie you saw last night?

昨日見た映画はどうだった？　→ P166

How was...? は「〜はどうでしたか？」と相手の過去の体験について感想をたずねるフレーズになります。

20 I (might) have (to) cancel today's dinner.

今日のディナーは断らないといけないかもな。　→ P174

I might have to... は「〜しなければならないかもしれない」というときの表現です。断言せずに「〜かもしれない」と自分の義務を客観的に伝えるフレーズです。

21 I (know) you're busy, (but) can you spare a minute?

お忙しいとは思いますが、お時間ありますか？　→ P176

I know you're busy, but... は「お忙しいのはわかっているのですが…」と切り出して、お願いごとをするときに使う定番フレーズ。

22 (Nothing) (beats) a good movie on a rainy day.

雨の日はいい映画を見るに限るね。　→ P173

beat は「打ち負かす」という意味があり、Nothing beats... で「何も〜を負かすことはできない」つまり「〜に限る」という意味になります。

23 (Nobody) (knows) where he went after graduation.

彼が卒業後どこに行ったのか誰も知らない。　→ P170

Nobody は「誰も〜ない」なので、Nobody knows... で「誰も〜を知らない」という意味になります。

24 This song (reminds) (me) of friends in my hometown.

この曲は地元の友達を思い出すなぁ。　→ P171

A reminds me of B で「AでBを思い出す」という意味になります。何かによって何かを思い出す、というときの表現です。

25 ▶▶ 天気予報はきちんとチェックしたのに…

傘持ってくるの忘れちゃった。

I (　　　) (　　　) bring my umbrella with me.

26 ▶▶ 懐かしい写真が出てきた…

この写真たちは高校の頃を思い出させる。

These photos (　　　) (　　　) of my high school days.

27 ▶▶ 友達と将来の計画についていろいろな話をしていて…

まだ家を買う決心ができてない。

I'm (　　　) (　　　) to buy a house.

HINT ▶▶ 「〜する準備ができていない」の意味

28 ▶▶ 仕事から帰ってお風呂に入ってグッと一杯…

お風呂上がりのビールは最高！

(　　　) (　　　) a beer after taking a bath.

HINT ▶▶ 「お風呂上がりのビールにかなうものはない」というニュアンス

29 ▶▶ 出張に行っているはずの恋人を近所で見かけたと聞いて、友達に相談…

それは変だね。

(　　　) (　　　) strange.

HINT ▶▶ 「それは変に聞こえるね」が直訳

30 ▶▶ 空気の乾燥が続いて、火事が増えているので…

ストーブの消し忘れに注意してね。

Be (　　　) (　　　) turn the stove off.

6章

ちょっとひとこと

25 I (forgot) (to) bring my umbrella with me.

傘持ってくるの忘れちゃった。 → P175

I forgot to... で「〜するのを忘れた」という意味で、本来は過去にやっておくべきだったことをやってなかったと思い出して言うフレーズです。

26 These photos (remind) (me) of my high school days.

この写真たちは高校の頃を思い出させる。 → P171

...reminds me of... で「〜は〜を思い出させる」という意味ですが、例文のように These...のように主語が複数形になると remind me of... になることを気をつけましょう。

27 I'm (not) (ready) to buy a house.

まだ家を買う決心ができてない。 → P167

ready to... で、「〜の準備をする」という意味。I'm not ready to... で「〜する準備ができていない」つまり、あることをする決心がつかない、心構えができていない、ということ。

28 (Nothing) (beats) a beer after taking a bath.

お風呂上がりのビールは最高! → P173

Nothing beats... は、「〜に勝るものはない」という意味で、何かが最高であるという強い思いを表現するときによく使われます。

29 (That) (sounds) strange.

それは変だね。 → P172

sound は相手の発言に対して「〜だと思う」「〜だと感じる」という意味になります。That sounds... で「〜のようだ」と自分の感想を述べるときに使います。strange の代わりに weird も「それは妙だね」という意味でよく使います。

30 Be (careful) (to) turn the stove off.

ストーブの消し忘れに注意してね。 → P165

Be careful to... で「〜するように注意してください」という意味です。ここではストーブを消すように=消し忘れないでね、という忠告になります。

Let's practice!

31 ＞＞ 落ち着かない相手に…

とにかく集中してみよう。

(　　) (　　) **to stay focused.**

HINT 》》「とにかく〜してみて」という意味のフレーズを使って

32 ＞＞ 友達が読んだ本について話を聞いて…

それはおもしろそうだね、もっと聞かせて。

That (　　) (　　)**, tell me more.**

HINT 》》「それは興味深く聞こえる」が直訳

33 ＞＞ 友達が弁護士を目指していると知り…

どうりで彼は熱心に勉強してるんだね。

(　　) (　　) **he studies so hard.**

34 ＞＞ 月曜日に同僚とのランチで…

週末はどうだった?

(　　) (　　) **your weekend?**

35 ＞＞ 会議が朝イチであるので…

会議のために早く出ないといけないかも。

I (　　) (　　) **to leave early for the meeting.**

HINT 》》「〜かもしれない」と推量を表す言葉を使って

36 ＞＞ 友達から着信があったことを思い出して…

ケンに電話をかけ直すのを忘れてた。

I (　　) (　　) **call Ken back.**

HINT 》》「忘れてた」と過去形にするのを忘れずに

6章

ちょっとひとこと

31 **(Just) (try) to stay focused.**

とにかく集中してみよう。　→ P164

Just try to... で、「とにかく〜してみなよ」と相手に具体的に行動を促す言い方になります。いい結果になるように「〜をする努力してみなよ」というニュアンスです。

32 **That (sounds) (interesting), tell me more.**

それはおもしろそうだね、もっと聞かせて。　→ P172

That sounds... で、「〜のようだ」と相手の発言を受けての自分の感想を述べるときに使います。

33 **(No) (wonder) he studies so hard.**

どうりで彼は熱心に勉強してるんだね。　→ P169

No wonder... で「〜は不思議ではない」つまり「どうりで〜なわけだ」「〜は当然だ」という意味になります。理由を知って、それならそうなるよね、という納得の気持ちを表します。

34 **(How) (was) your weekend?**

週末はどうだった？　→ P166

How was...? は「〜はどうだった？」と相手に感想をたずねるフレーズになります。相手に話題を振るときに便利です。

35 **I (might) (have) to leave early for the meeting.**

会議のために早く出ないといけないかも。　→ P174

I might have to... は自分に生じる義務について客観的に「〜しなければならないかもしれない」というときの表現です。断言せずに「〜かもしれない」と余韻を残した言い方になります。

36 **I (forgot) (to) call Ken back.**

ケンに電話をかけ直すのを忘れてた。　→ P175

forgot は forget の過去形で「忘れた」です。I forgot to... で「〜するのを忘れた」と本来すべきことをうっかり忘れてしまったときに使います。

Let's practice!

37 ❯❯ 今日から梅雨が明けたことを知り…

どうりで今日はとっても暑いわけだ。

(　　) (　　) it's so hot today.

38 ❯❯ 仕事終わりにライブに行くという同僚に…

それは楽しみだね。

(　　) (　　) exciting.

39 ❯❯ 友達にチケットの購入を頼まれていたことを思い出して…

コンサートのチケットを買うのを忘れるところだった。

I (　　) forgot (　　) buy tickets for the concert.

HINT ❯❯❯ 「～するのをほとんど忘れていた」が直訳

40 ❯❯ 休暇を取って旅行していた友達に…

旅行中の天気はどうだった?

(　　) (　　) the weather during your trip?

41 ❯❯ 突然天気について聞かれて…

明日は晴れるんじゃない?

(　　) (　　) it will be sunny tomorrow.

HINT ❯❯❯ あてずっぽうで自分の考えを述べる表現

42 ❯❯ 飲み会が続いて、彼女は文句を言いたいみたい…

君の愚痴を聞く準備はできたよ。

(　　) ready (　　) hear your complaints.

6章

ちょっとひとこと

Answers

37 (No) (wonder) it's so hot today.

どうりで今日はとっても暑いわけだ。 → P169

No wonder... は「どうりで〜なわけだ」「やっぱり〜だね」と、何かが予想通りだったり、納得できる理由があったりしたときに使うひとことです。

38 (That) (sounds) exciting.

それは楽しみだね。 → P172

sound は相手の発言に対して「〜だと思う」「〜だと感じる」という意味になります。That sounds... で「〜のようだ」と自分の感想を述べるときに使います。That を省略して Sounds exciting. もよく使われる表現です。

39 I (almost) forgot (to) buy tickets for the concert.

コンサートのチケットを買うのを忘れるところだった。 → P175

almost は「ほとんど」という意味で、I almost forgot to... で「忘れるところだった」とギリギリのところで思い出したときの言い回しです。

40 (How) (was) the weather during your trip?

旅行中の天気はどうだった? → P166

How was...? で「〜はどうだった?」と感想を聞くときに使います。How is...? は「〜の調子はどう?」と今現在の誰かの様子をたずねるひとことになります。

41 (I) (guess) it will be sunny tomorrow.

明日は晴れるんじゃない? → P168

I guess... で「〜じゃないかな」と、自分のなんとなくの予測を相手に伝えるときに使います。ちなみに、Guess what? は「当ててみて?」や「聞いて!」と切り出すときのひとことです。

42 (I'm) ready (to) hear your complaints.

君の愚痴を聞く準備はできたよ。 → P167

I'm ready to... で「する準備ができた」という意味で、準備ができたから「さあ〜していいよ」と促す意味でも使います。complaints は愚痴。

「Youは何しに日本へ?」
の正しい聞き方は?

　初対面の外国人に会うと、日本に来た理由を聞いてみたくなりますよね。しかしあまりストレートに聞いてしまうと、相手に唐突な印象を与えることもあるので、聞き方に注意しましょう。

＊ストレートな聞き方
　Why did you come to Japan?（なんで日本に来たの?）
＊丁寧な聞き方
　What brings you to Japan?（日本にいらしたきっかけは?）

　上の２人の文章はどちらも、どうして日本に来たのかをたずねるフレーズになります。「なぜ」と言うとき **why** をすぐに使いたくなりますが、実はかなりきっぱり理由をたずねる言い方になり、「なんで日本に来たの?」と初対面の人に聞くにしてはストレートすぎてしまう場合も。
　ここは **What brings you to Japan?** がおすすめ。これは、直訳で「あなたを日本に運んだものは何?」、つまり「日本にいらしたきっかけは?」というソフトなニュアンスになり、相手も答えやすくなるのです。

　　What motivated you to come to Japan?
　　（日本に来ることになった動機は何ですか?）
　　May I ask why you decided to come to Japan?
　　（日本に来ると決めた理由を聞いてもいいですか?）

　これらのように聞いてもいいでしょう。

7章

ロールプレイで
実践

最後に、今まで覚えた78の基本フレーズを使って、レストランやタクシーでの会話に挑戦してみましょう。「基本フレーズだけでこんなに話せるんだ！」と実感するはずです。自信を持ってLet's try!

シーン 1　　レストランで店員さんと

How many people in your party?
何名様ですか？

1　Two of us. My friend is（　　）（　　）come later.
2人です。友達があとから来ることになっています。

2　OK. Are you（　　）（　　）（　　）this table?
わかりました。こちらのお席で大丈夫でしょうか？

Great. What's your recommendation today?
はい。今日のおすすめは何ですか？

3　（　　）（　　）you try our apple pie?
アップルパイはいかがでしょうか？

4　You（　　）add ice cream（　　）you want.
よろしければアイスクリームを添えられます。

⑤ I'll take that. And (　　) (　　) have a coffee?

それをください。あと、コーヒーをいただけますか？

Certainly. Is that all?

かしこまりました。以上でよろしいですか？

⑥ (　　) (　　) for now.

今のところは以上です。

How was the dessert?

（食べ終わったあとに）デザートはいかがでしたか？

⑦ It was great. (　　) (　　) ice cream on pie.

おいしかったです。アイスのせのパイは最高ですね！

>>> **Answers**

① supposed, to → P109

suppose to... で「〜するはずです」「〜することになっている」という意味です。あとから遅れて来ることになっている友達について伝えるフレーズです。

② all, right, with → P74

Are you all right with...? で「〜で大丈夫ですか？」と相手に問題がないかを確認するフレーズ。日本では「席」と言いますが、英語の場合 **seat** ではなく **table** と言います。

③ Why, don't → P23

Why don't you...? は「〜してみてはどうですか？」と提案するときのフレーズ。

④ can, if → P110

You can...if you want. で「よろしければ〜できますよ」と相手の利点となるようなことを伝える際に。

⑤ can, I → P46

Can I...? で「〜してもいいですか？」と何かを依頼するときの表現。**Can** を **Could** にするとより丁寧なニュアンスになります。

⑥ That's, all → P25

That's all. は「それで全部です」と自分の発言や注文を全部言い切ったことを表します。**That's all for now.** は今のところそれで全部だけど、追加するかもしれない、という余韻が残ります。

⑦ Nothing, beats → P173

Nothing beats... は「〜は最高！」「これが一番」と何かをほめるときのカジュアルな言い方。「これが一番」という熱い思いが伝わります。

シーン 2 タクシーで運転手さんと

① I'd ( ) ( ) go to the Surf Hotel.

サーフホテルまで行きたいのですが。

② Sure. ( ) ( ) your flight?

かしこまりました。フライトはいかがでしたか？

③ Great. Do you ( ) ( ) I open the window?

よかったです。窓を開けてもいいでしょうか？

Go ahead. You can see a great view.

もちろんです。いい景色が見られますよ。

④ ( ) ( ) great!

それは最高ですね！

⑤ ( ) ( ) times have you been here?

こちらへは何度目ですか？

Maybe five times.
5回目くらいです。

6 ( ) ( ) you speak good English.
どうりで英語がお上手ですね。

7 I'm ( ) ( ) improve my English.
上手になれるように頑張ってます。

8 We are here. ( ) ( ) talk to you.
着きました。お話しできてよかったです。

⟫⟫⟫ Answers

1 like, to → P48

I'd like to... は「〜したいのですが」と自分の希望を伝える丁寧な表現です。タクシーに乗ると **Where to?**（どちらまで）と聞かれるので、その際にこのフレーズを使って答えます。

2 How, was → P166

空港でタクシーを拾うと、**How was your flight?** と声をかけてくれたりします。**How was...?** は「〜はどうでしたか?」という意味。

3 mind, if → P49

Do you mind if... は「〜するのは嫌ですか?」が直訳で、遠回しに「〜してもいいですか?」と希望を伝えるフレーズです。相手を気づかう言い方になります。

4 That, sounds → P172

That sounds... で「それは〜ですね」と相手の発言に対する感想を述べるフレーズです。フレンドリーな言い方だと **That** を省略して**Sounds fun!**（楽しそう）などと言います。

5 How, many → P78

相手に回数をたずねるときには**How many times...** というフレーズを使って。**How many times have you been...?** で「〜へ来るのは何度目ですか?」という意味になります。

6 No, wonder → P169

No wonder... で「どうりで〜なわけだ」と、自分が不思議に感じたことの理由がわかったり、たぶんそうじゃないかな? と予想したことが当たっていたときなどに使う表現です。

7 trying, to → P138

I'm trying to... で「〜しようとしている」。努力している最中のことなどを伝えるフレーズです。

8 Nice, to → P14

Nice to... で「〜できてうれしいです」という意味。**Nice to have a chance to talk to you.** で「あなたと話す機会が持ててよかった」、つまり話せてよかったといううれしい気持ちを伝えるフレーズになります。

シーン **3**　　　パーティーで友達と

① Hi. (　　) (　　) you doing?

やぁ、元気？

Hey! It's been a while. I'm good, and you?

わぁ！ 久しぶり。元気よ、あなたは？

I'm good! ② (　　) you (　　) the girl over there?

元気だよ！ あそこにいる子、知ってる？

③ I'm (　　) not. (　　) me (　　) her.

残念だけど知らないわ。彼女について教えて。

She is the girl who's going to marry Matt.

彼女はマットと結婚する予定なんだ。

④ Really? (　　) (　　) you know that?

本当？ なんで知ってるの？

My brother is good friends with Matt.

5 I ( ) you ( ) keep it a secret.

弟がマットと友達なんだ。内緒にしといてよ。

I'm sure I won't tell anyone.

6 ( ) ( ) did he say?

もちろん誰にも言わないわ。弟さん、他に何か言ってた?

He said they'll get married in June.

結婚は6月だって。

7 I'm ( ) ( ) hear that.
That's great news for everyone!

それを聞いてうれしくなったわ。みんなにとってハッピーなニュースね!

>>> Answers

1 How, are → P15

How are you doing? で「元気にしていましたか?」というあいさつ。パーティーなどで初対面の相手、知り合いどちらに使ってもOKです。

2 Do, know → P77

Do you know...? で「〜を知っていますか?」という意味。共通の話題などを見つけ出すときに便利なフレーズです。

3 afraid → P54 **Tell, about** → P55

I'm afraid... は「あいにく」と相手の意に沿うことができないときの切り出しフレーズ。知らない話題を振られたときに「残念ながら知らないけど、知りたい」という気持ちが伝わります。**Tell me about...** で「〜について教えて」と何かに興味があることが伝わります。

4 How, come → P83

How come...? で「一体なぜ〜なんですか?」という意味。何かに驚いて、相手にそれを知った経緯などを聞きたいときの言い回しです。

5 want, to → P50

want +人+ **to...** で「〜に…してもらいたい」という意味。**keep it a secret** で「秘密のままにしておく」という意味なので相手に「内緒にしてほしい」という気持ちが伝わります。

6 What, else → P75

What else? だけでも「他には?」という意味になり、相手から聞いたことに対して、さらに情報がほしいときに使えます。

7 glad, to → P26

I'm glad to... で「〜でうれしい」という意味になります。親しい人には、**I'm** なしで **Glad to hear that.** だけでもOKです。

シーン 4　お店で店員さんと

1 What (　　) I (　　) for you?

いらっしゃいませ。

2 Where can (　　) (　　) a running T-shirt?

ランニング用のTシャツはどこにありますか？

How about this one?

こちらはいかがでしょうか？

3 Hm... (　　) (　　) do you have?

う〜ん。他にありますか？

4 (　　) (　　) try this on.

こちらをぜひお試しください。

5 Do you (　　) (　　) to get you other colors?

他の色も持ってきましょうか？

6 It's OK. What (   ) you (   ) of this one?

いえ、大丈夫です。これ、どうでしょうか？

It looks really good on you.

とてもお似合いですよ。

7 I was (   ) (   ) you have a smaller size?

もっと小さいサイズはあったりしますか？

8 (   ) (   ) the small size is out of stock.

あいにく、Sサイズは在庫を切らしております。

Ah, OK. I'll take this one.

なるほど、わかりました。じゃあこれにします。

>>>>> **Answers**

① **can, do** → **P82**

What can I do for you? で「いらっしゃいませ」という意味で、接客でよく使う表現です。

② **I, find** → **P84**

Where can I...? は「どこで〜できますか？」、**Where can I find...?** は探しものの場所をたずねる表現。

③ **What, else** → **P75**

What else...? は「他にありますか？」と今あるもの以外に何かあるかどうか聞くときに使います。

④ **You, should** → **P20**

You should... は「〜すべきです」ですが、日常会話では「〜をしたらどうでしょうか？」と軽く提案するニュアンスになります。**try ... on** は「試着する」。

⑤ **want, me** → **P85**

Do you want me to... は「私に〜してほしいですか？」と相手の意向をたずねるフレーズです。勝手にやらずに相手にしてほしいかどうかを聞くことで、相手の気持ちを尊重する表現に。

⑥ **do, think** → **P17**

What do you think of...? は「〜をあなたはどう思いますか？」と相手の意見を聞くときのフレーズ。

⑦ **wondering, if** → **P56**

I was wondering if...? は「〜だったりしますか？」と遠慮がちに質問をするときの表現。**I'm just wondering** でもOKです。こちらにとって不都合でもかまいませんよ、という気持ちが伝わります。

⑧ **I'm, afraid** → **P54**

I'm afraid... は「あいにく〜」と相手の希望に添えないときに、申し訳ない気持ちを込めて使います。相手もこう切り出されたら「ダメなのか」と予測できるひとことになります。

シーン **5** 道に迷った！ 通行人と

1 ( ) me, ( ) ( ) give me directions?

すみませんが、道を教えてもらえますか？

Sure. Where do you want to go?

もちろんです。どちらまで行きたいのですか？

2 I ( ) ( ) get to ABC Hotel by 3:00.

ABCホテルに3時までに着かないといけないのですが。

3 OK, ( ) ( ) see the map.

なるほど、地図を見せてください。

4 Oh, you ( ) ( ) to use the train.

ああ、これなら電車に乗らないといけないかもしれません。

Where is the closest station?

ここからどの駅が一番近いですか？

5 It's Times Square.
Do you (　　) (　　) to take you to the station?

タイムズスクエア駅です。駅までお連れしましょうか？

6 Oh, (　　) (　　).

いえ、お気になさらず。

7 OK. Be (　　) (　　) to get on the wrong train.

わかりました。違う電車に乗らないように気をつけてくださいね。

Thanks, I will be careful.

ありがとうございます、そうします。

Answers

1 Excuse →P24　could, you →P45

Excuse me は「すみません」という意味で、通りがかりの人を呼び止めるときに使えます。

Could you...? は「〜してくれますか？」と誰かにものを頼むときの丁寧な表現です。

2 have, to →P140

I have to... は「〜しないといけない」と自分の義務を伝える表現です。外的要因の影響でそうせざるを得ない状況になっていることを表します。

3 let, me →P47

Let me... で「〜させてください」と自分の行動への許可を求めるひとこと。**Let me see.** は「見せて」「どれどれ」のようなニュアンスです。

4 might, have →P174

might have to... は「〜しなければならないかもしれない」という意味で、**You might have to...** で「〜しないといけないかもしれないですね」と遠回しに提案する言い方になります。

5 want, me →P85

Do you want me to...? で「私に〜してもらいたいですか？」つまり「〜しましょうか？」とお手伝いを申し出る言い方。

6 don't, bother →P115

bother は「手を煩わせる」なので、**Don't bother.** で「気にしないで」と相手のお手伝いの申し出などをやんわり断る言い方です。

7 careful, not →P165

Be careful not to... で「〜しないように気をつけてね」と、してほしくないことや、それをすると相手に不利なことが起こることなどを忠告する言い方になります。

会話の潤滑油
「あいづち」をフル活用しよう

　会話で大切なのはキャッチボールのようなテンポの良さですが、それをスムーズに行うための救世主が「あいづち」です。

* 相手の発言に即答できないとき
  Well...（え〜と）
  Let me see...（そうですね〜）
* 意外な発言を聞いて
  Is that so?（そうなの?）
* 信じられない事実を知って
  No way!（まさか!）
* 強く共感する
  Exactly. / Totally.（だよね）
* 相手に話させる
  What do you think?（あなたはどう思う?）

　実は、私が「英語が上手だな」と思う人は、英検1級レベルの単語を使うわけでも、文法を間違いなく話すわけでもなく、「絶妙なタイミングであいづちを打てる人」です。
　相手に質問されて詰まってしまっても、黙るより上記のようなフレーズを発することで、会話を続けたいという意思が伝わります。

　あいづちをたくさん取り入れると、会話のテンポが抜群によくなり、英語を話すのが苦ではなくなります。楽しむことで、またさらに上手になりたいといういいスパイラルが生まれるはず。困ったときこそあいづちをうまく使って会話をどんどん広げましょう。**Good luck!**

INDEX

10年ぶりの英語なのに話せた！
あてはめて使うだけ
英語の超万能フレーズ78

発行日　2023年 5 月10日　第 1 刷
発行日　2023年10月17日　第 3 刷

著者　　デイビッド・セイン

本書プロジェクトチーム

編集統括	柿内尚文
編集担当	大西志帆
編集協力	小松アテナ、岩村優子
デザイン	田村梓（ten-bin）
イラスト	くにともゆかり
DTP	中日本企画舎株式会社
校正	Shelley Hastings、Trish Takeda、東京出版サービスセンター
営業統括	丸山敏生
営業推進	増尾友裕、綱脇愛、桐山敦子、相澤いづみ、寺内未来子
販売促進	池田孝一郎、石井耕平、熊切絵理、菊山清佳、山口瑞穂、吉村寿美子、矢橋寛子、遠藤真知子、森田真紀、氏家和佳子
プロモーション	山田美恵、山口朋枝
講演・マネジメント事業	斎藤和佳、志水公美
編集	小林英史、栗田亘、村上芳子、大住兼正、菊地貴広、山田吉之、福田麻衣
メディア開発	池田剛、中山景、中村悟志、長野太介、入江翔子
管理部	早坂裕子、生越こずえ、本間美咲
マネジメント	坂下毅
発行人	高橋克佳

発行所　株式会社アスコム

〒105-0003
東京都港区西新橋2-23-1　3東洋海事ビル
編集局　TEL：03-5425-6627
営業局　TEL：03-5425-6626　FAX：03-5425-6770

印刷・製本　中央精版印刷株式会社